W0170892

AGNÈS GUILLAUMIN

Das bau ich selber an

Ein ganzes Jahr frisches Obst & Gemüse
für 4 Personen auf 200 m²

ILLUSTRATIONEN: JULIEN NORWOOD

Bassermann
Inspiration

ISBN 978-3-572-08053-3

© der deutschen Erstausgabe 2013 by Bassermann Inspiration, einem Unternehmen der
Verlagsgruppe Random House GmbH, 81673 München
© der französischen Originalausgabe: © 2011, HACHETTE LIVRE (Hachette Pratique)
Autorin: Agnès Guillaumin
Illustrationen: Julien Norwood
Originaltitel: Je fais mon potager

Umschlaggestaltung: Atelier Versen, Bad Aibling
Projektkoordination dieser Ausgabe: Andrei-Sorin Teusianu
Illustrationen: Julien Norwood
Übersetzung: Dr. Beate Herting
Grafisches Konzept: Nicole Dassonville (Hachette Pratique)
In Zusammenarbeit mit Sophie Morier
Der Verlag dankt Charlotte Marquevielle und Sophie Haesselbacher für ihre wertvollen Beiträge
Gesamtproducing: berliner buch.macher

Die Informationen in diesem Buch sind von der Autorin und dem Verlag sorgfältig erwogen und geprüft,
dennoch kann eine Garantie nicht übernommen werden. Eine Haftung der Autorin bzw. des Verlags
und seiner Beauftragten für Personen-, Sach- und Vermögensschäden ist ausgeschlossen.

Das für dieses Buch verwendete FSC®-zertifizierte Papier *Juwel offset* liefert Arctic Paper, Kostrzyn, Polen.

MIX
Papier aus verantwor-
tungsvollen Quellen
FSC® C005833

Druck und Bindung: Těšínská tiskárna, Cěský Tesín
Printed in the Czech Republic

817 2635 4453 6271

Inhalt

Gesundes Vergnügen

Ein eigener Gemüsegarten bietet gleich eine ganze Reihe von Vorzügen: Er bringt viel Leckeres auf den Tisch, er fördert Ihre Gesundheit und die Ihrer Familie, und bei guter Planung lässt sich damit sogar Geld sparen. Und noch etwas ist zwar nicht messbar, aber genauso wichtig: das Vergnügen, das beim Gärtnern entsteht, die Freude auf viele schöne Stunden im Einklang mit der Natur. Probieren Sie es aus!

Was ist Gemüse?

Gemüse ist ein Sammelbegriff für kultivierte Pflanzen, von denen verschiedene Teile gekocht oder roh gegessen werden.
Botanisch sind es entweder Früchte, die aus einer Blüte entstehen (etwa Zucchini, Tomaten, Auberginen, grüne Bohnen), Wurzelknollen, in denen die Pflanze Nährstoffreserven anlegt (Karotten oder Kartoffeln), Stängel (Spargel), Blätter (Salat, Spinat) oder Samen (weiße Bohnen, Erbsen).

WARUM EIGENTLICH EIN GEMÜSEGARTEN?

Unter all den Gründen, warum Gemüsegärten heute auch bei jungen Menschen immer beliebter werden, rangiert die gesunde Ernährung weit vorne. Auch Misstrauen gegenüber der herkömmlichen Lebensmittelindustrie spielt eine Rolle. Denn wenn Sie Ihr Gemüse selbst anbauen, wissen Sie immer genau, was Sie auf dem Teller haben, und Sie werden im Endeffekt mehr Gemüse essen als vorher.

GEMÜSE UND GESUNDHEIT

Gemüse ist gesund, denn es liefert neben den eigentlichen Nährstoffen auch Mineralien, Vitamine und andere gesunde Pflanzenstoffe. Man weiß heute, dass Gemüse dazu beiträgt, Krankheiten wie Krebs und Herz-Kreislauf-Erkrankungen vorzubeugen. Manchen Inhaltsstoffen, beispielsweise dem in Sellerie, Petersilie, Pastinaken und anderen Gemüsearten enthaltenen Falcarinol, wird eine vorbeugende Wirkung gegen Krebs zugeschrieben. Dazu muss das Gemüse aber roh gegessen werden. Es wurde auch nachgewiesen, dass Brokkoli, Kohl und generell Kreuzblütler (Blumenkohl, Rüben, Rettich, Kresse, Rucola) die Entstehung von Krebs, vor allem Blasenkrebs, verhindern können, was auf die enthaltenen Isothiocyanate zurückgeführt wird. Auch diese Substanzen zersetzen sich beim Kochen. Dass Hülsenfrüchte, die reich an Eiweiß und Vitamin B sind, einen großen Wert für die Ernährung haben, ist bekannt. Leider finden sie sich viel zu selten auf unserem Speiseplan. Von Zwiebel und Knoblauch weiß man, dass sie Blutdruck und Cholesterinspiegel senken und einem Herzinfarkt vorbeugen können.

Das bringt Ihnen der Gemüsegarten

Sie möchten, dass ein Großteil des Gemüses, das auf Ihren Tisch kommt, aus eigenem Anbau stammt? Dann rechnen Sie aus, wie viel Sie brauchen – so wissen Sie auch, wie viel Geld Sie sparen werden.

WELCHE MENGEN BRAUCHE ICH?

Ernährungswissenschaftler sind sich einig, dass jeder Mensch pro Tag fünf Portionen Gemüse à 80 bis 100 g essen sollte. Das macht mindestens 400 g pro Tag. Aufs Jahr gerechnet sind es 146 kg, davon 40 kg Kartoffeln und 30 kg Hülsenfrüchte.

Tatsächlich lag der durchschnittliche Verzehr von Obst und Gemüse im Jahr 2008 bei 170 kg je Haushalt, also weit unter der empfohlenen Menge. Diese Zahl ist ein Durchschnittswert, das heißt, sie berücksichtigt auch Personen, die sehr wenig Obst und Gemüse essen. Wenn Sie die außer Haus eingenommenen Mahlzeiten herausrechnen, sind 120 kg Gemüse (davon 40 kg Kartoffeln) pro Person und Jahr ein vernünftiges Ziel. Natürlich können Sie diese Zahl individuell anpassen, je nach Ihren Essgewohnheiten, den erzielten Erträgen und der Zeit, die Sie investieren können.

WAS UND WIE VIEL BAUE ICH AN?

Der Gemüsegarten, wie wir ihn vorschlagen, ergibt 300 bis 500 kg Gemüse und 120 kg Kartoffeln. Angebaut werden verschiedene Gemüse, Beeren und Kräuter, die Sie über das ganze Jahr hinweg genießen können. Für die kalte Jahreszeit können Sie Ihre Ernte auch trocknen, einfrieren oder einkochen.

Unsere Liste hat natürlich nur empfehlenden Charakter, und es steht Ihnen frei, sie nach Ihrem Geschmack abzuwandeln. Ersetzen Sie ruhig die grüne Gurke durch ein anderes Kürbisgewächs oder den Rosenkohl durch Rotkohl. Sie können bei dem einen oder anderen Gemüse auch die Zahl der Pflanzen oder Reihen erhöhen. Beachten Sie aber immer die Grundprinzipien des Anbaus, der Mischkultur und der Fruchtfolge.

Pommes und Chips

An der Entwicklung des Kartoffelverbrauchs kann man soziale Veränderungen erkennen. So werden immer mehr Mahlzeiten außer Haus eingenommen, und Fertigprodukte liegen im Trend. Noch vor 50 Jahren wurden pro Kopf und Jahr ca. 120 kg Kartoffeln gegessen. Heute genießen wir noch knapp 60 Kilo, und davon entfallen lediglich 25 Kilo auf frische Knollen. Den Rest nehmen wir in Form veredelter Produkte wie Pommes Frites, Chips etc. zu uns. Doch auch heute noch kommen viele Kartoffeln aus Haus- und Kleingärten.

DURCHSCHNITTLICHE ERTRÄGE PRO JAHR

Gemüse: Artischocken (40 Köpfe), Bohnen zum Aushülsen (5 kg Kerne), Brokkoli (8 kg), Chicorée (10 Wurzeln, ergeben 10 kg Sprossen), Endivien (50 Stück), Erbsen (4 kg Kerne), Feldsalat (10 Schüsseln), Fenchel (4 kg), Salat (100 Stück), Grüne Bohnen (30 kg), Grüner Spargel (12 kg), Gurken (9 kg), Karotten (60 kg), Kartoffeln (120 kg), Knoblauch (5 kg), Kohl (30 Köpfe, entspricht 30 kg), Küchenzwiebeln (7 kg), Mangold (10 kg), Paprika (3 kg), Pastinaken (10 kg), Lauch (40 Stangen), Rettich/Radieschen (15 Bund), Rosenkohl (15 kg), Rote Bete (10 kg), Sellerie (4 kg), Speisekürbis (100 kg), Tomaten (100 kg), Zucchini (20 kg), Zuckermais (30 Kolben), Zuckermelonen (12 Stück).

Beeren: Erdbeeren (10 kg), Himbeeren (5 kg), Rote und Schwarze Johannisbeeren (je 2,5 kg).

Kräuter: Basilikum, Dill, Estragon, Koriander, Minze, Petersilie, Rhabarber, Sauerampfer, Schnittlauch (und Frühlingszwiebeln), Thymian.

WIE VIEL GELD KANN ICH SPAREN?

Annähernder Handelswert der jährlichen Ernte

Gemüse: 500 kg à 2,50 € (Durchschnittswert) = 1.250 € pro Jahr, dazu 240 € für Kartoffeln (120 kg × 2 € = 240 €). Summe: 1.490 €

Beeren: 20 kg × 5 € = 100 €

Kräuter: 15 Bund à 2 € = 30 €

Summe: 1.490 € + 100 € + 30 € = 1.620 €

Jährliche Ausgaben für den Gemüsegarten

Samen: 30 Tüten à 1,50 € = 45 €

Pflanzen: 100 Pflanzen à 0,50 € = 50 €

Steckzwiebeln: 2 Beutel à 3 € = 6 €

Pflanzkartoffeln: 3 Kisten = 15 €

Beerenstrauch: 15 €

Kräuter: 20 €

Geräte und Material (Neuanschaffung, Abnutzung oder Leihgebühr): 350 €

Summe: 500 € pro Jahr (Schätzwert)

Sie sparen also jedes Jahr 1.120 Euro.

Ein guter Start

Bei der Auswahl der Anbaufläche sollten Sie die Lage und die Beschaffenheit des Bodens genau prüfen. Immerhin legen Sie Ihren Gemüsegarten für viele Jahre an. Im Laufe der Zeit reichert sich der Boden mit Nährstoffen an und wird immer fruchtbarer. Es wäre also schade, wenn Sie Ihre Beete irgendwann woanders neu anlegen würden.

DIE GRÖSSE DER FLÄCHE

Unser Gemüsegarten, der eine vierköpfige Familie versorgen soll, hat eine Fläche von 200 m², also 50 m² pro Person. Das ist ein Mittelwert, der je nach Lage, Erträgen und Anbaumethoden variieren kann. Auf verschiedenen Beeten können die Erträge trotz gleich großer Fläche erheblich voneinander abweichen. Das hat mit der Bodenqualität zu tun, aber auch die gärtnerische Erfahrung oder der Befall mit Krankheiten und Schädlingen spielen eine Rolle. Die höchsten Erträge liefert ein Boden, der weder zu sandig noch zu lehmig, weder zu sauer noch zu basisch und gut mit organischem Material versorgt ist. Darin gedeihen die meisten Gemüsearten.

SO LEGEN SIE DEN GEMÜSEGARTEN AN

Erkundigen Sie sich als Erstes, ob die Anlage eines Gemüsegartens in Ihrer Siedlung reglementiert ist. Markieren Sie ein großes Rechteck von 22 × 12 m. Halbieren Sie es längs und quer, sodass sich vier Rechtecke ergeben. Erweitern Sie die Mittellinien zu jeweils 2 m breiten Wegen und markieren Sie diese mit Schnur. Die vier Rechtecke haben jetzt eine Größe von je 10 × 5 m. Prüfen Sie, ob das große Rechteck und die vier Beete rechtwinklig sind. Halten Sie dazu eine gespannte Schnur über die Diagonalen jedes Beets. Die Schnurlänge muss immer gleich sein.

KOMPAKTER UND VIELFÄLTIGER GEMÜSEGARTEN

Die Pläne des Gartens in den verschiedenen Jahreszeiten finden Sie ab Seite 126.
- Die Mittelwege werden mit Gras begrünt und gemäht.
- Die vier Beete ermöglichen es Ihnen, auf relativ kleiner Fläche und in nicht allzu langen Reihen (maximale Länge 10 m) eine Vielzahl von Kulturen anzubauen.
- Monokulturen sind ungünstig für die Artenvielfalt im Garten. Wenn Sie die verschiedensten Arten nebeneinander anbauen, locken Sie Nützlinge in Ihren Gemüsegarten.
- Die angebauten Kulturen stehen so nah beieinander, dass sich ein günstiges Milieu entwickeln kann, sind aber so weit voneinander entfernt, dass sie sich keine Konkurrenz machen.

• Der Gartenplan berücksichtigt das Wachstumstempo der Pflanzen und ihre Verträglichkeit.

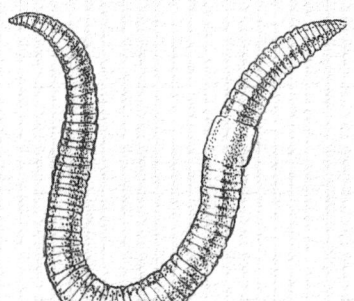

BEREITEN SIE DEN BODEN VOR

Lassen Sie vor Beginn der Arbeiten unbedingt eine Bodenuntersuchung durchführen. Senden Sie dafür eine Bodenprobe an ein Speziallabor. Die nötigen Utensilien bekommen Sie im Fachhandel und im Internet. Die Kosten variieren je nach Anbieter. Im Ergebnis der Analyse erfahren Sie, wie Ihr Boden beschaffen ist (sandig, lehmig, tonig), wie hoch der Humusgehalt ist und was Sie zur Verbesserung tun sollten. Neben diesen empfohlenen Maßnahmen lohnt sich zu Beginn auch der Einsatz einer Motorfräse. So können Sie schnell mit dem Gemüseanbau beginnen.

Im Durchschnitt werden jeweils im Herbst 500 g konzentrierter organischer Bodenverbesserer pro Quadratmeter Gemüseanbaufläche ausgebracht. Nähere Informationen zur Bodenverbesserung finden Sie ab S. 12.

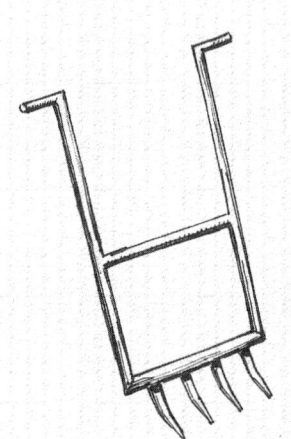

PRAKTISCHE GERÄTE UND AUSRÜSTUNG

Bewahren Sie Ihre Gartengeräte geschützt auf, etwa in einem Schuppen oder einer einfachen Gartenhütte in passender Größe. Die Hütte sollte zum Stil Ihres Hauses passen. Eine Hütte aus Holz können Sie mit farbloser Lasur behandeln, aber ein Farbanstrich ist natürlich auch möglich. Eine Mindestgröße von 3 × 3 m reicht, um alle Geräte, Hilfsmittel und sonstigen Produkte unterzubringen. Regale, Haken und Leinen erleichtern die Ablage und das Wiederfinden. Nähere Informationen zu Geräten und Hilfsmitteln finden Sie ab Seite 17.

Das Gemüse-garten-ABC

Es hängt von zahlreichen Einflussfaktoren ab, ob der Gemüseanbau gelingt, und natürlich lernen auch Gärtner nicht nur aus Erfolgen, sondern auch aus Misserfolgen. Es ist aber viel besser, sich so gut vorzubereiten, dass gar nicht mehr viel schiefgehen kann. Wählen Sie also Standort, Boden, Geräte, Pflanzen und Saatgut sorgfältig aus.

1

Wie und wo lege ich den Gemüsegarten an?

Wie ist die Rechtslage?

Erkundigen Sie sich unbedingt, ob es in Ihrer Gemeinde, Wohnanlage, Eigentümergemeinschaft etc. Richtlinien für die Anlage von Gemüsegärten gibt. So kann es Einschränkungen bei der Größe und Sichtbarkeit von der Straße aus geben. Klären Sie auch, ob für einen Schuppen oder ein Gartenhaus eine Baugenehmigung notwendig ist. Wenn Sie auf dem Balkon Gemüse anbauen, darf die Last nicht zu hoch werden, und Sie müssen dafür sorgen, dass es nicht zu Wasserschäden kommt.

Wer einen Gemüsegarten anlegt, wird viele schöne Stunden darin verbringen. Bevor Sie loslegen, sollten Sie daher einen Standort wählen, der Ihnen gefällt und an dem Sie sich wohlfühlen.

KLEINGARTEN, MIETERGARTEN ODER PRIVATGARTEN?

Klein- oder Schrebergärten entstanden im 19. Jahrhundert vor allem in den Städten. Sie sollten es den Arbeitern und ihren Kindern ermöglichen, sich an der Luft zu bewegen, sich zu erholen und eigene Lebensmittel anzubauen. Diesen Zwecken dienen die von Vereinen verwalteten Gartenanlagen auch heute noch. Zusammengehörigkeitsgefühl und Solidarität spielen eine große Rolle. Man hat einen Anlaufpunkt, trifft Gleichgesinnte, kann das Gärtnern lernen und selbst Lebensmittel produzieren. Eine Zeitlang galten Kleingärten bei der jungen Generation als spießig und unattraktiv, doch das hat sich inzwischen geändert. Vor allem junge Familien haben sie wieder für sich entdeckt.

Mietergärten werden von kommunalen Wohnungsunternehmen oder Baugenossenschaften zur Verfügung gestellt. Werden sie nicht von einzelnen Mietern, sondern von Gartengemeinschaften genutzt, sind Einigkeit über bestimmte Grundregeln und gute Organisation gefragt. So muss die Verteilung der Aufgaben klar geregelt sein. Wer macht was? Wer kauft was? Wer erntet was? Gemeinschaftliche Mietergärten haben oft eine pädagogische Zielrichtung, sie sind weniger geeignet, wenn es um die Anlage eines Gemüsegartens für die Ernährung einer ganzen Familie geht. Dem Austausch zwischen den Gärtnern sind sie auf jeden Fall sehr förderlich.

Privatgärten sind das, wovon viele träumen. Idealerweise befindet er sich auf eigenem Grund und Boden. Manchmal kann man aber auch einen privaten Garten pachten oder im Austausch für einen Teil der

Ernte nutzen. Treffen Sie in dem Falle im Vorfeld genaue Absprachen. Wer übernimmt die Wasserrechnung? Welche baulichen Veränderungen sind möglich? Folienzelte, Schuppen, Umzäunung? Was wird damit, wenn der Garten nicht weiter genutzt wird?

LAGE UND STANDORT

Am besten ist es, den Gemüsegarten direkt am Haus und an der Küche zu haben. Aber kleine Baugrundstücke lassen oft kaum Platz für einen Gemüsegarten. Manchmal verbieten auch Satzungen und Richtlinien, ihn zur Straße hin anzulegen. In bestimmten Fällen ist es deshalb besser, auf eine Fläche auszuweichen, die nicht unmittelbar an das Haus grenzt. Wählen Sie einen Standort, der so lange wie möglich der Sonne ausgesetzt und als Ganzes nach Süden oder Südwesten ausgerichtet ist. Die Reihen sollten in Nord-Süd-Richtung verlaufen, damit die Kulturen sowohl von der Morgen- als auch von der Abendsonne profitieren.

Der ideale Standort ist:
- entfernt von befahrenen Straßen und Auspuffgasen;
- entfernt von hohen Bäumen, damit das Gemüse nicht unter dem Schatten und der Konkurrenz der Wurzeln leidet;
- entfernt von Hecken, aus denselben Gründen;
- in der Nähe einer Wasserleitung oder eines Baches;
- in der Nähe des Hauses oder einer Unterbringungsmöglichkeit für Geräte, Material und geerntetes Gemüse.

AM HANG, EBENERDIGE ODER ALS HOCHBEETE?

Ein Hanggarten in Südlage hat seinen Reiz, vor allem ermöglicht er zeitiges Ernten. Bei sehr starkem Gefälle nutzen Sie die natürlichen Geländeabstufungen oder legen Terrassenbeete an, um ein Auswaschen des Bodens zu verhindern. Für Neulinge sind ebenerdige Flächen am leichtesten zu bearbeiten.

Personen mit gesundheitlichen Einschränkungen können auch im Sitzen gärtnern, dafür eignen sich Hochbeete oder Tischpflanzungen. Die Erträge hängen dabei natürlich von der zur Verfügung stehenden Fläche und von der Fachkenntnis des Gärtners ab.

Boden: Qualität und Fruchtbarkeit

Ideal ist es, wenn Sie einen produktiven, schon seit Langem bewirtschafteten Gemüsegarten übernehmen können. Viele Gärten entstehen aber auf Neubaugrundstücken und bisher nicht bebautem Boden. So war im Jahr 2010 ein Drittel der Gemüsegärten weniger als fünf Jahre alt. Wenn Sie ein Haus bauen lassen, sollten Sie vereinbaren, dass der ausgehobene Mutterboden wieder ausgebracht wird.

WAS IST EIN GUTER BODEN?

Ein guter Boden muss den Wurzeln die Möglichkeit geben, sich zu entwickeln. Seine Merkmale wirken manchmal widersprüchlich: Er soll Wasser speichern, aber die Pflanzen nicht ersticken, er soll Nährstoffe speichern und sie gleichzeitig den Pflanzen verfügbar machen. Ein guter Boden zeichnet sich auch durch eine reichhaltige Bodenfauna aus: Ein Quadratmeter kann 200 000 Insekten, 150 000 Fadenwürmer, 1 Million Einzeller und mehrere Milliarden Bakterien beherbergen.

DIE BODENUNTERSUCHUNG

Der erste Schritt vor dem Anbau ist die Bodenuntersuchung. Die dafür notwendigen Utensilien bekommen Sie im Gartenmarkt und über einschlägige Internetseiten. Entnehmen Sie am geplanten Standort Ihres Gemüsegartens eine Probe und schicken Sie diese ein. Die Ergebnisse geben Aufschluss über die physikalischen und chemischen Eigenschaften des Bodens. Vor allem aber erhalten Sie eine Auswertung und Empfehlungen für notwendige Maßnahmen, die den Boden so verbessern, dass sich die Wurzeln der meisten Gemüsearten gut darin entwickeln können.

DIE KORNGRÖSSENANALYSE

Damit wird der Anteil der einzelnen Bodenbestandteile (Kies, Sand, Lehm, Ton) bestimmt, woraus sich wiederum die Bodenart ergibt. Jede Bodenart hat Vor- und Nachteile:
- **Sandige Böden** erwärmen sich schnell und trocknen schnell aus. Wasser und Nährstoffe speichern sie schlecht. Sie sind körnig und lassen sich nicht formen.
- **Lehmige Böden** sind gute Wasser- und Nährstoffspeicher, werden aber schnell abgetragen. Beim Reiben zwischen den Fingern quietscht er.
- **Tonige Böden** speichern Wasser und Nährstoffe sehr gut. Wenn sie austrocknen, werden sie schnell rissig. Sie lassen sich gut kneten und formen.

DIE KATIONENAUSTAUSCHKAPAZITÄT

Die Kationenaustauschkapazität (KAK) ist die Fähigkeit des Bodens, bestimmte Elemente wie Kalzium oder Magnesium zu binden und sie später je nach Bedarf an die Pflanzen abzugeben. Je mehr organische Bestandteile und je mehr Ton der Boden enthält, desto höher ist die KAK. Eine KAK von 9 (meq/100 g) ist ein niedriger, eine KAK von 25 ein hoher Wert.

ORGANISCHE BODENBESTANDTEILE

Der bei der Untersuchung festgestellte Anteil an organischen Bodenbestandteilen gibt Aufschluss darüber, in welchen Mengen potenzielle Nährstoffe vorhanden sind. Ein Anteil von weniger als 2 Prozent ist sehr niedrig, ideal sind um die 10 Prozent.

Verwertet wird das organische Material dank der biologischen Aktivität im Boden. Manche Böden (Sumpf- oder Torfböden) enthalten zwar viel organisches Material, sind aber sauer und wassergetränkt. Hier sind kaum Lebewesen aktiv, die Böden müssen daher vor dem Anbau entwässert und gedüngt werden.

HUMUS

Der Humus gibt dem Boden seine dunkle Farbe. Er entsteht bei der Zersetzung von organischem Material durch Bodenorganismen. Mit Ton bildet er einen stabilen Komplex, der dem Boden seine Krümelstruktur verleiht. Ein humusreicher Boden enthält viele Nährstoffe und macht sie für die Wurzeln zugänglich. Im Gemüsegarten tragen regelmäßige Humusgaben in Form von organischem Dünger (Kompost, Mist) zur Erhaltung der Bodenfruchtbarkeit bei.

DER pH-WERT

Der pH-Wert sagt aus, ob der Boden sauer oder basisch ist. Für die meisten Gemüsearten ist ein Wert von 6 bis 6,5 optimal. Liegt er unter 3 oder über 8, sterben die Pflanzen. Für Heidepflanzen ist ein Wert von 5 ideal. Der pH-Wert lässt sich durch Kompostgaben bei zu basischen und Kalkgaben bei zu sauren Böden korrigieren. Diese Maßnahmen wirken aber immer nur kurzfristig und müssen jährlich wiederholt werden. Die Beschaffenheit des Bodens hat auch etwas mit dem darunterliegenden Gestein zu tun, und das lässt sich nicht beeinflussen.

DIE CHEMISCHEN ELEMENTE

Pflanzen brauchen vor allem Stickstoff (N), Phosphor (P) und Kalium (K), aber auch Kalzium (Ca), Magnesium (Mg) und zahlreiche Spurenelemente. Stickstoff fördert das Blattwachstum. Phosphor steht in Form von Phosphaten (P_2O_5) zur Verfügung. Er führt den Zellen Energie zu. Zu viel Stickstoff oder Phosphor im Boden belastet allerdings die Gewässer. Kalium wirkt sich positiv auf die Blüten- und Fruchtbildung aus. Auch Magnesium, Kalzium, Bor, Chlor, Natrium und Eisen tragen dazu bei, dass sich Pflanzen gesund entwickeln.

Wie wird Mist verwendet?

Frischen Mist mit Stroh bringen Sie in einer dünnen Schicht aus, am besten im Herbst. Arbeiten Sie ihn mit einem Kultivator oder Grubber sofort in den Boden ein. Bevor Sie ihn ausbringen, sollten Sie den Mist einige Monate in einem Haufen reifen lassen. Sie können ihn auch mit Kompost vermischen. Mist ist reich an Mikroorganismen. Im Fachhandel gibt es getrockneten Rinder- oder Pferdemist und organische Düngemittel in Pulver-, Granulat- und Pelletform. Wählen Sie Trockenprodukte, die nicht stauben. Im Gemüsegarten kann Mist für alle Kulturen mit Ausnahme von Knoblauch, Zwiebeln und Lauch verwendet werden. Nach dem Ausbringen von Mist sollten Sie zwei bis drei Jahre warten, ehe Sie diese Gemüsearten anbauen.

SCHADSTOFFE UND SCHWERMETALLE

Diese Untersuchung ist meist kein Standard, sondern muss gesondert in Auftrag gegeben werden. Wenn Ihr Garten auf einem ehemaligen Industriegelände liegt oder früher mit Klärschlamm gedüngt wurde, kann der Boden Schwermetalle wie Blei, Arsen, Cadmium oder Quecksilber enthalten. Informieren Sie sich über eventuelle Altlasten. Bei nachgewiesener Belastung ist der Gemüseanbau problematisch, aber immer noch möglich, z. B. durch Bodenaustausch oder indem Sie auf Hügelbeeten oder in Behältern anbauen.

SICHERN SIE DIE BODENFRUCHTBARKEIT

Gehen Sie schrittweise vor. Beginnen Sie damit, die bei der Bodenuntersuchung festgestellten Defizite zu beheben. Da der Gemüseanbau dem Boden einen Teil der Nährstoffe entzieht, sollten Sie diese wieder zuführen. Verschiedene Methoden und Substanzen zur Bodenverbesserung, vor allem die unterschiedlichen Düngemittel, stellen sicher, dass der Boden fruchtbar bleibt.

PHYSIKALISCH-CHEMISCHE BODENVERBESSERUNG

Im Fachhandel gibt es Produkte zur Korrektur zu saurer oder zu basischer Böden. Deren dauerhafte Wirksamkeit ist jedoch eine Illusion, da der Boden immer wieder in den Ausgangszustand zurückkehrt. Achten Sie darauf, basische Substanzen wie Kalk nicht im selben Jahr auszubringen wie Mist.

ORGANISCHE DÜNGEMITTEL

Wie der Name schon sagt, sind diese Mittel reich an organischem Material und tragen zur Anreicherung des Bodens mit Humus bei. Das geschieht direkt oder indirekt, wenn sie erst von Mikroorganismen zersetzt werden müssen.

Es gibt zwei Hauptarten organischer Düngemittel: Mist und Kompost. Sie unterscheiden sich hauptsächlich im C/N-Verhältnis (Gewichtsanteile von Kohlenstoff und Stickstoff). Bei Mist liegt es bei 7 bis 12, bei Kompost bei 15 bis 20.

Komposter

- **Stallmist** war lange Zeit das einzige organische Düngemittel, das Gärtnern zur Verfügung stand. Heute ist es nicht mehr so einfach, frischen Mist zu bekommen. Mist enthält viel Stickstoff, der als Dünger wirksam wird. Allerdings besteht das Risiko, dass er ausgewaschen wird. Verwenden Sie keinen Mist aus Massentierhaltung. Pferde- und Schafsmist sind für tonige Böden geeignet, Rinder- und Schweinemist für sandige und kalkige Böden.

- **Kompost** aus dem heimischen Garten ist ein organisches Düngemittel, das besonders hochwertig ausfällt, wenn Sie drei Ratschläge beherzigen: Kompostieren Sie Abfälle der verschiedensten Art, setzen Sie den Kompost oft um und lassen Sie ihn vor dem Ausbringen mindestens sechs bis zehn Monate reifen. Für industriell hergestellten Kompost werden Grünabfälle und Industrieabfälle pflanzlicher Herkunft verarbeitet, z. B. Zuckerrübenpulpe, Traubenschalen oder Kerne.

- **Wurmkompost** ist ein konzentriertes organisches Düngemittel, das von Würmern der Gattung Eisenia produziert wird. Diese Würmer verarbeiten organisches Material zu einem Endprodukt, das reich an Humus und organischen Säuren ist. Zur Gewinnung von Wurmkompost können Sie in einem Abstellraum oder auf einem geschützten Balkon einen Wurmkomposter aufstellen. Er besteht aus verschiedenen Behältern mit gelochtem Boden. Der Fachhandel bietet eine große Auswahl.

- **Fertigprodukte:** Organische Düngemittel gibt es auch als fertige Mischungen, Granulate oder Pellets, die auf der Basis von Grünabfällen, Mist und anderen Rohstoffen hergestellt werden. Dazu kommen Zutaten wie Algen, die Kalk, Magnesium, verschiedene Minerale, aber auch organische Säuren einbringen. In der Regel werden diese Stoffe zusammen mit Rinde, Torf, Holzschnitzeln oder Stroh kompostiert.

- **Guano, Fischmehl und Hornspäne** gehören ebenfalls zu den organischen Düngemitteln, die es gebrauchsfertig zu kaufen gibt. Welches organische Düngemittel Sie auch verwenden, überschreiten Sie nie die empfohlene Menge. Durch Überdüngung können die Wurzeln der angebauten Pflanzen verbrennen.

Organisches Düngemittel	Eingesetzte Mengen
Kompost	5–10 l/m² im Herbst, mit Grubber einarbeiten
Mist, frisch	1–3 l/m², nur im Herbst, mit Grubber einarbeiten
Mist, kompostiert	300 g/m² als Erhaltungsdüngung bei jeder Aussaat
	600 g/m² bei der Bodenvorbereitung
Wurmkompost	200 g/m² bei der Bodenvorbereitung

Mineralische Dünger

Während die bisher vorgestellten organischen Düngemittel vor allem der Verbesserung der Bodenqualität und der biologischen Aktivität im Boden dienen, werden anorganische Dünger direkt von der Pflanze aufgenommen. Dadurch können Sie Defizite bei bestimmten Nährstoffen ideal ausgleichen.

Die drei wichtigsten durch Dünger zugeführten Elemente sind Stickstoff (N), Phosphor (P) und Kalium (K). Die jeweiligen Anteile dieser Elemente an einem NPK- oder Volldünger sind auf dem Etikett mit drei Zahlen angegeben. So enthält ein Dünger mit der Angabe NPK 1-1-2 1 Prozent Stickstoff (N), 1 Prozent Phosphor (als P_2O_5) und 2 Prozent Kalium (als K_2O).

- **Dünger mit dem Hauptnährstoff Stickstoff** (die erste Zahl ist die höchste) wirken sich positiv auf die Entwicklung der Pflanze aus.
- **Dünger mit dem Hauptnährstoff Phosphat** (die zweite Zahl ist die höchste) regen das Wachstum von Wurzeln und Früchten an.
- **Dünger mit dem Hauptnährstoff Kalium** (die dritte Zahl ist die höchste) verbessern die Widerstandsfähigkeit gegen Krankheiten, die Produktion und den Geschmack von Früchten.

Dünger versorgen die Pflanzen auch mit anderen wichtigen Elementen, wie z. B. Magnesium, Kalzium und Bor. Im Boden entfalten sie ihre Wirkung entweder unmittelbar (schnell wirkender Dünger) oder langsamer, über einen längeren Zeitraum hinweg (Langzeitdünger).
Zu den anorganischen oder Mineraldüngern gehören industriell hergestellte konzentrierte Chemikalien, die von den Pflanzen direkt aufgenommen werden können (Ammoniumnitrat, Kaliumnitrat, Kalziumnitrat). Diese sind praktisch, aber oft nicht unbedingt umweltfreundlich. Es gibt auch Dünger bzw. Bodenhilfsmittel auf Gesteinsbasis, von denen manche im Bio-Gartenbau angewendet werden (Urgesteinsmehl, Magnesiumkalk).

Geräte und Hilfsmittel

Gute Ergebnisse erzielen Sie nur mit gutem Werkzeug. Wenn Sie sich nach und nach eine Grundausstattung an hochwertigen Geräten zulegen und sie immer gut pflegen, werden Sie lange Freude daran haben.

DIE GRUNDAUSSTATTUNG

Diese Geräte und Hilfsmittel braucht man zum Bewässern, zur Aussaat, zum Transport, zum Anbinden oder Abstützen …

GIESSKANNE

Früher bestand sie aus galvanisiertem Stahl, heute ist sie meist aus Kunststoff. Für den Garten sollte das Fassungsvermögen 5 bis 12 Liter betragen, zur Bewässerung von Sämlingen und Zimmerpflanzen 3 Liter. Wählen Sie ein solides Modell mit Brause.

Gießkanne

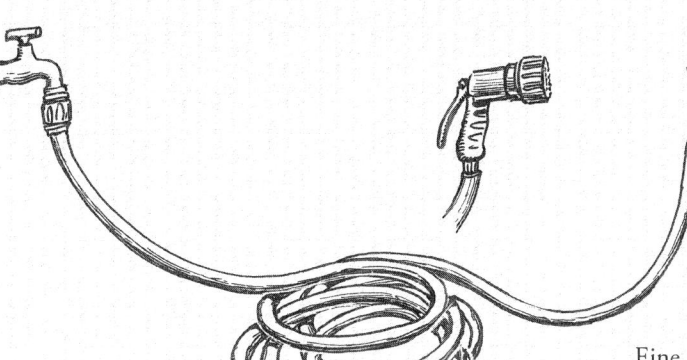

Gartenschlauch

GARTENSCHLAUCH

Er muss so lang sein, dass Sie jede Ecke des Gemüsegartens erreichen. Ein mehrschichtiger Schlauch ist robuster und knickt oder verdreht sich nicht so schnell. Eine Schlauchtrommel mit Aufrollautomatik ist nur sinnvoll, wenn ihr Durchmesser ausreichend groß ist. Wählen Sie einen Schlauch mit Schnellkupplung und regelbarer Multifunktionsbrause.

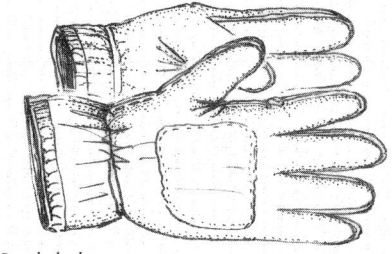

Handschuhe

HANDSCHUHE

Der ideale Handschuh ist einerseits nicht so dick, dass die Finger nichts mehr fühlen, und muss andererseits strapazierfähig und atmungsaktiv sein, vor Kälte und Hitze schützen, ohne dass die Hände darin schwitzen. Probieren Sie Handschuhe aus beschichtetem Stoff, die ein gutes Tastgefühl ermöglichen.

Schubkarre

Sie ist notwendig zum Transport von Kompost, Geräten und Erntegut. Die wasserdichte Mulde besteht meist aus Metall, manchmal auch aus Kunststoff. Luftgefüllte Reifen lassen sich besser bewegen als Vollgummireifen. Hochwertige Modelle haben sogar einen Stoßdämpfer.

Schubkarre

Knieschoner

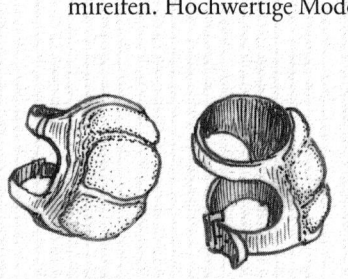

Sie werden dieses Accessoire schätzen lernen, wenn Sie längere Zeit jäten, pflanzen, pikieren oder ernten. Wählen Sie ein Modell, das wie eine Bandage übergestreift wird und genug Bewegungsfreiheit lässt.

Knieschoner

Stiefel und Clogs

Wenn Sie Stiefel tragen wollen, sollten Sie sich für spezielle Gärtnerstiefel entscheiden, die weit und bequem sind. Der Fuß bleibt beweglich, und Sie können problemlos in die Hocke gehen. Leichter an- und ausziehen lassen sich natürlich Gartenclogs, die Sie bei jedem Wetter tragen können.

Werkzeuggürtel

Dieser Gürtel hat verschiedene Taschen und Schlaufen, die kleine Utensilien und Werkzeuge aufnehmen. Zerstreute Gärtner müssen also nicht ständig nach der Gartenschere oder anderen kleinen Geräten suchen. Sie können diese aber auch in einem Eimer oder Korb aufbewahren und transportieren.

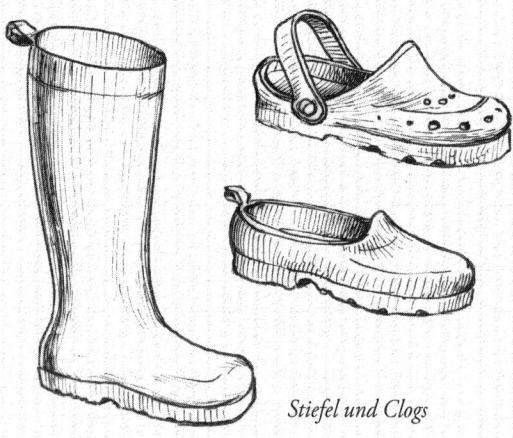

Stiefel und Clogs

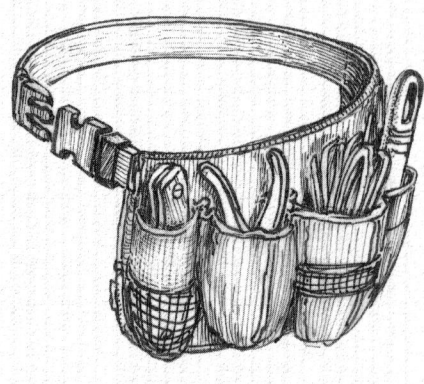

Werkzeuggürtel

PFLANZSCHNUR

Die Schnur ist an zwei Pflöcken befestigt, die in den Boden gesteckt werden. Sie erleichtert das Säen und Pflanzen in geraden Reihen. Ziehen Sie zum Markieren der Reihe einfach einen Rechenstiel oder einen Stab an der ausgerollten Schnur entlang über den Boden. Eine Pflanzschnur können Sie fertig kaufen oder aus zwei angespitzten Stäben und Schnur selbst herstellen.

PFLANZENBINDER

Zum Anbinden von Pflanzen und Trieben können Sie Naturmaterialien wie Raffiabast oder Hanfschnur verwenden, aber auch Drahtkordel oder Draht mit Kunststoffummantelung. Auf jeden Fall sollten Sie immer einige Binder zur Hand haben, wenn Sie im Garten arbeiten.

PFLANZENSTÄBE UND -SPIRALEN

Wenn Sie Naturmaterialien bevorzugen, sollten Sie unverrottbares Akazien-, Kastanien-, Eschen- oder Bambusholz wählen. Die Länge der Stäbe sollte der Höhe der jeweiligen Pflanze entsprechen. Für Tomaten sind Spiralen aus rostfreiem Stahl besonders geeignet, durch die Sie den Hauptstamm leiten, ohne dass Sie die Pflanze anbinden müssen.

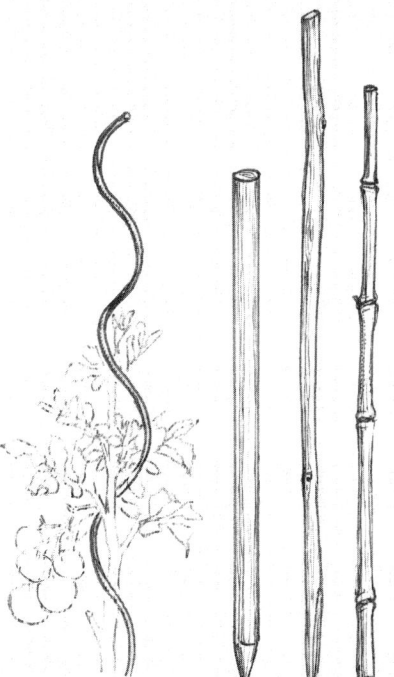

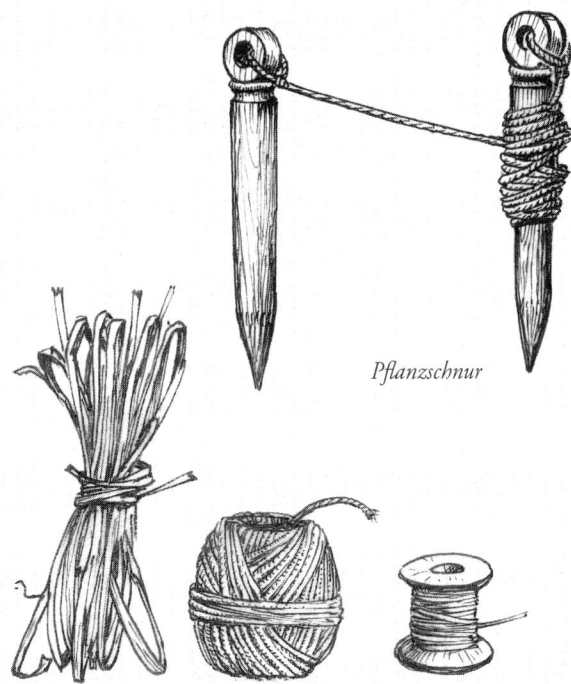

Pflanzschnur

Pflanzenstäbe und -spiralen

Binder (Raffiabast, Hanfschnur, Draht)

PFLANZTÖPFE

Ton- und Kunststofftöpfe sind wieder verwendbar. Legen Sie sich einen Vorrat von ca. 30 Töpfen der gleichen Größe mit passenden Untersetzern an. Darin können Sie Gemüsepflanzen einzeln aussäen. Anzuchttöpfe aus Torf oder Kokosfasern pflanzen Sie zusammen mit dem Wurzelballen und der Pflanze aus; sie zersetzen sich nach und nach. Das schont die zarten Wurzeln.

FRÜHBEETKASTEN

Einen Frühbeetkasten können Sie fertig kaufen oder aus vier Brettern und einem Fenster oder einer Glasscheibe selbst bauen. Im Frühjahr kommen zeitige Kulturen wie Salat, Radieschen oder Tomaten ins Frühbeet, im Winter schützt der Kasten Kräuter und empfindliche Stauden. Wichtig ist, dass die Öffnung verstellbar ist. Schon bei den ersten Sonnenstrahlen muss der Kasten halboffen sein.

MINIGEWÄCHSHAUS

Minigewächshäuser gibt es mit oder ohne Heizung. Sie sind ideal, um im Frühjahr einige Pflanzen im Topf vorzuziehen.

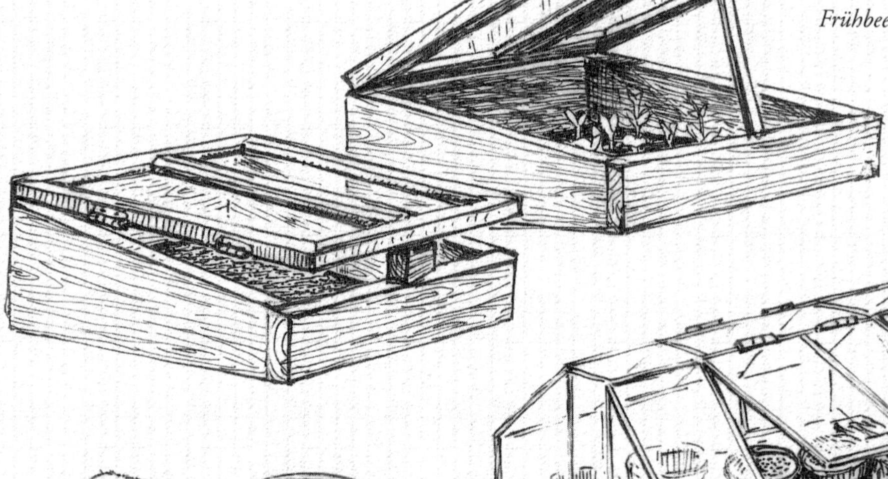

Frühbeetkasten

Pflanztöpfe

Minigewächshaus

FOLIENZELT

Ein Folienzelt ist zwar nicht ganz
so praktisch und schön anzu-
schauen wie ein Gewächshaus, aber es
kostet weniger und ist für den Gemüsegarten völlig ausreichend. Einige fest verankerte
Bügel und eine blickdichte Polyethylenfolie reichen
aus, um ein Klima zu schaffen, in dem Sie die erste Ernte
von Radieschen, Salat und Erdbeeren einige Wochen früher
genießen können.

HANDGERÄTE

Wählen Sie Geräte, die zu Ihrer Körper- und Handgröße passen, und machen Sie keine Zugeständnisse bei
der Qualität. Ergonomische Stiele schonen den Rücken, und „Softgrip"-Griffe beugen Blasen vor.

UNKRAUTHACKE

Sie ist unverzichtbar, um Unkraut schnell zu entfernen. Das Kraut wird direkt am Wurzelhals durch-
trennt und kann so nicht wieder sprießen. Wählen Sie einen ergonomischen Stiel, der Ihrer Größe entspricht. Arbeiten Sie in kleinen Abschnitten und von vorn nach hinten.

DOPPELGRABEGABEL

Dieses Gerät besteht aus zwei langen Griffen und meist drei bis
fünf Zinken. Es lockert und belüftet den Boden, ohne ihn zu
wenden. Es gibt unterschiedliche Modelle in verschiedenen
Größen, mit oder ohne Fußstütze. Wählen Sie ein Modell,
dessen Griffe Ihrer Größe entsprechen und gut in der
Hand liegen.

GRABEGABEL

Mit der herkömmlichen Grabegabel
arbeitet es sich leichter als mit der breiten Doppelgrabegabel. Sie besteht
aus einem Stiel und einem Blatt mit
drei oder vier Zinken. Mit der Grabegabel wird der Boden vor dem
Anbau gewendet. Sie kann aber auch wie eine Doppelgrabegabel eingesetzt werden. Dazu wird sie eingestochen und von vorn nach hinten bewegt, um den Boden zu belüften.

Grabegabel

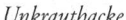

Unkrauthacke

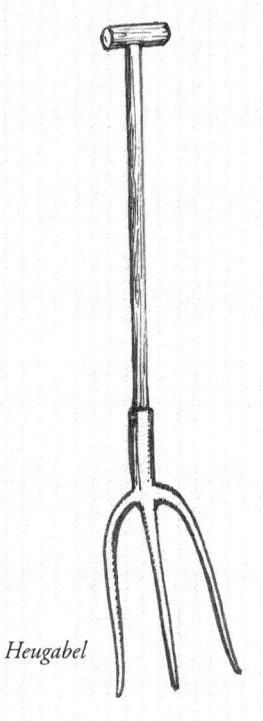

Heugabel

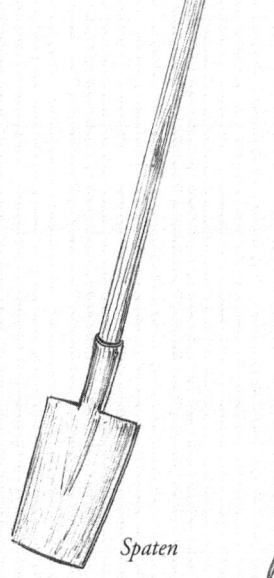

Spaten

HEUGABEL

Ursprünglich wurden mit diesem Gerät Heuballen auseinandergenommen. Im Garten dient es zum Transport von Zweigen und Stroh sowie zum Umsetzen von Kompost. Es besteht aus einem langen Holzstiel und drei oder vier spitzen Zinken.

SPATEN

Dieses Profi-Gerät ist stabiler als eine Grabegabel. Es besteht aus einem flachen Blatt aus geschmiedetem und poliertem Metall und einem Stiel, der so mit dem Blatt verbunden ist, dass er nicht mit der Erde in Berührung kommt. Mit dem Spaten wenden Sie den Boden und stechen Wurzeln ab, bevor Sie große Pflanzen umsetzen.

GÄRTNER- ODER TASCHENMESSER

Ein Messer haben erfahrene Gärtner immer zur Hand. Spezielle Gärtnermesser bestehen aus einer scharfen, geschwungenen Klappklinge und einem soliden Griff aus Hartholz, z. B. Esche. Damit können Sie Triebe abschneiden, Salatköpfe ernten oder Wurzeln vor dem Auspflanzen beschneiden.

GRUBBER ODER KULTIVATOR

Er besteht aus einem langen Stiel und einem Kopf mit drei gebogenen Zinken. Man kann damit den Boden zwischen den Reihen schnell lockern und belüften, Unkraut leichter entfernen und organische Düngemittel in die obere Bodenschicht einarbeiten.

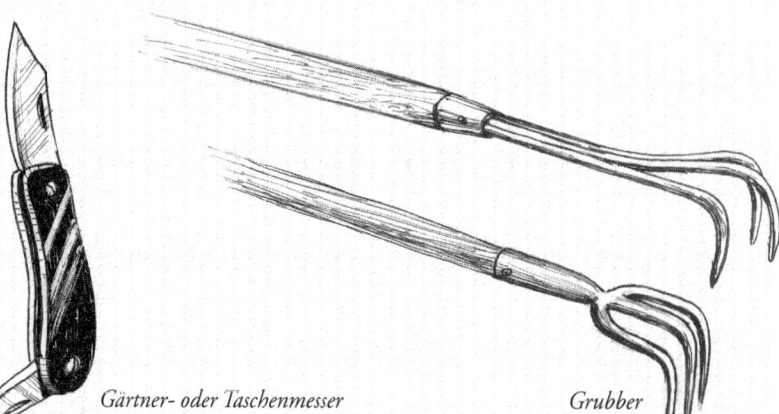

Gärtner- oder Taschenmesser

Grubber

KOMBIHACKE

Dieses vielseitige Gerät hat einen zweiteiligen Kopf. Auf einer Seite befindet sich meist ein spitzes Blatt, auf der anderen zwei Zinken oder ein Blatt mit gerader Schneide. Die Kombihacke hilft beim Lockern des Bodens und beim Jäten zwischen Reihen und Pflanzen, aber auch beim Rillenziehen. Wählen Sie ein leichtes und dennoch robustes Modell.

Kombihacke

GARTENSCHERE

Auch bei Gartenscheren gibt es verschiedene Ausführungen: große und kleine, Modelle für Rechts- oder Linkshänder, für Menschen mit viel oder wenig Kraft. Bypass-Scheren, bei denen zwei scharfe Klingen aneinander vorbeigleiten, sind am vielseitigsten. Sie schneiden auch grünes Holz. Amboss-Scheren, bei denen eine scharfe Klinge auf den feststehenden Amboss trifft, eignen sich für trockenes Holz. Systeme mit Kraftübertragung durch Zahnradgetriebe sind gut bei sehr hartem Holz.

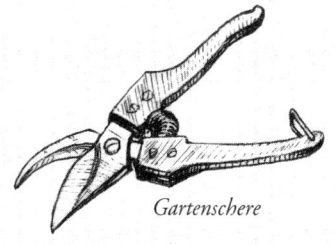

Gartenschere

RECHEN

Dieses Gerät besteht aus einem Holzstiel und einem Holm mit geraden (für den Gemüsegarten) oder gebogenen Zinken (für den Rasen). Es dient zum Zerkleinern und Glätten des Bodens vor oder nach der Aussaat. Samen werden damit verteilt und leicht eingearbeitet. Mit dem Holm können Sie Saatrillen schließen.

PFLANZKELLE

Dieses kleine schaufelartige Gerät ist unverzichtbar, wenn Sie Pflanzen mit kleinem Wurzelballen ein-, aus- oder umpflanzen wollen. Es gibt Griffe aus Holz oder Metall.

PFLANZER

Dieses nützliche Gerät besteht aus einem langgezogenen Kegel mit Griff. Sie können damit Löcher für Setzlinge bohren.

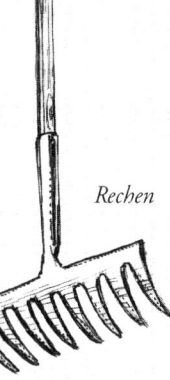

Rechen

Pflanzkelle

Pflanzer

MOTORGERÄTE

Wählen Sie Motorgeräte aus, die leistungsstark genug und möglichst leise sind. Lesen Sie vor Gebrauch die Betriebsanleitung, und tragen Sie Handschuhe und Schutzbrille.

MOTORHACKE

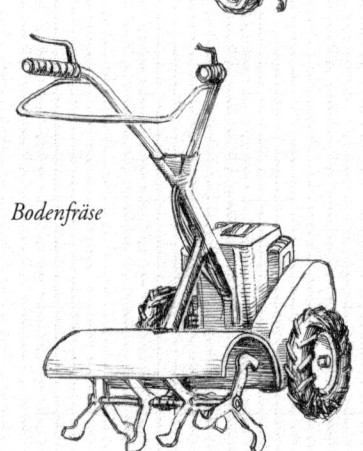

Motorhacke

Sie dient der Vorbereitung des Bodens auf die Aussaat und dem schnellen Entfernen von Unkraut vor dem Pflanzen. Zum Einarbeiten organischer Bodenverbesserer kann sie Grubber oder Kultivator ersetzen.

BODENFRÄSE

Sie wird zur tiefen Bearbeitung des Bodens vor dem erstmaligen Anbau eingesetzt. Unkräuter lassen sich schnell entfernen, und das mühsame Hacken per Hand entfällt. Da Sie dieses Gerät nur sehr selten brauchen werden, sollten Sie es mieten oder mit anderen Gärtnern zusammen kaufen. Wenn Sie biologisch gärtnern wollen, sollten Sie statt der Bodenfräse eine Doppelgrabegabel verwenden.

Bodenfräse

GARTENHÄCKSLER

Damit werden Gartenabfälle zerkleinert und im Volumen reduziert, z.B. Schnittabfälle von Sträuchern und Hecken, vertrocknete Pflanzen, große Blätter, Stroh, langes Gras. Die zerkleinerten Abfälle können Sie kompostieren oder zum Mulchen verwenden.

RASENMÄHER

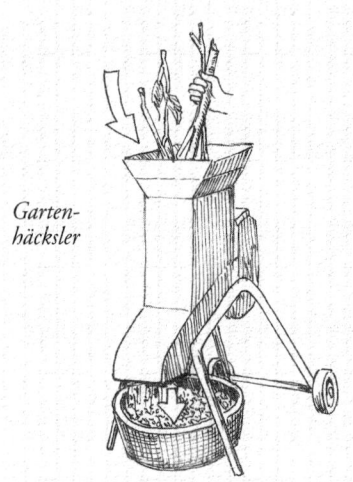

Garten-häcksler

Unverzichtbar zum Mähen der mit Gras bewachsenen Mittelwege im Gemüsegarten und des Rasens. Welche Art Mäher Sie wählen, hängt von der Größe der zu bearbeitenden Flächen und der zur Verfügung stehenden Zeit ab. Ab 600 m² lohnt sich ein kleiner Aufsitzmäher. Elektrische Mäher sind geräuschärmer und leichter zu bedienen als Benzingeräte, sie eignen sich aber nur für Rasenflächen in Hausnähe.

Den Gemüsegarten bepflanzen und pflegen

Aussäen, pflanzen, den Boden bearbeiten und bewässern – das sind die wichtigsten Schritte auf dem Weg zur reichhaltigen Ernte. Eine Reihe von Kulturmethoden sind im Laufe der Zeit entstanden, die Ihnen die Arbeit erleichtern und den Ertrag optimieren. Diese Methoden betreffen die Aussaat, das Pflanzen, die Bodenbearbeitung und die Bewässerung.

AUSSAAT – EIN SICHERER START

Saatgut, das Sie im Fachhandel kaufen, wurde auf Sortenreinheit und Keimfähigkeit kontrolliert. Preisunterschiede ergeben sich daraus, dass bestimmte Sorten selten oder neu sind, dass es sich um Spezial-, Hybrid- oder ummanteltes Saatgut handelt – oder es aufwändig verpackt ist. Wählen Sie Samen in wasser- und luftdichten Tüten, möglichst mit einem kleinen Sortenanzeiger. Beachten Sie das Haltbarkeitsdatum. Manche Samen können lange aufbewahrt werden, andere verlieren ihre Keimfähigkeit schnell.

Welche Methode zur Aussaat der einzelnen Kulturen Sie anwenden sollten, hängt hauptsächlich von zwei Faktoren ab: der Korngröße und davon, ob die Jungpflanzen umgesetzt werden können oder nicht. Melonen oder Tomaten können problemlos in Töpfen ausgesät werden. Das erleichtert die Wachstumskontrolle, und Sie können die besten Pflanzen auswählen. Radieschen- oder Karottensämlinge vertragen dagegen kein Umpflanzen, diese Kulturen säen Sie deshalb am besten an Ort und Stelle aus.

AUSSAAT IN TÖPFEN

Hierbei handelt es sich um Einzelaussaat, die unter anderem für Zucchini und andere Kürbisgewächse, Tomaten, Auberginen und Paprika geeignet ist.

- Stellen Sie kleine Töpfe (5 cm Durchmesser) dicht nebeneinander in einen Kasten und füllen Sie Aussaaterde hinein. Diese bekommen Sie fertig im Fachhandel, Sie können sie aber auch selbst herstellen. Mischen Sie dazu sehr reifen Kompost, Sand und gesiebte Gartenerde zu gleichen Teilen.
- Stecken Sie ein Samenkorn in die Mitte jedes Topfes, und zwar ungefähr so tief, wie das Samenkorn groß ist.
- Stellen Sie den Kasten an einen hellen Ort und sorgen Sie durch regelmäßiges Gießen für gleichbleibende Feuchtigkeit.
- Setzen Sie die jungen Pflanzen um, wenn die Wurzeln Topfwand und -boden erreicht haben. Das können Sie feststellen, indem Sie die Töpfe umdrehen und den Wurzelballen herausziehen.

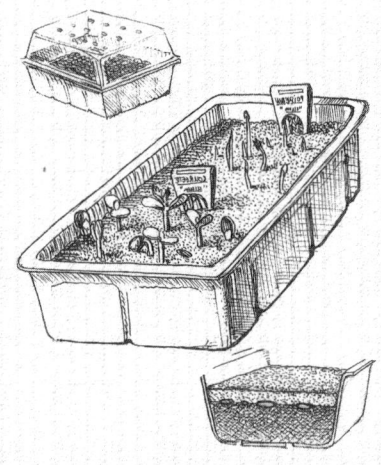

Aussaat in Anzuchtschalen

Diese Methode wenden Sie bei Gemüsearten an, bei denen Sie eine größere Zahl von Pflanzen benötigen, z. B. bei Lauch, Salat oder Kohl.

- Füllen Sie die Anzuchtschale mit Aussaaterde. Diese können Sie fertig kaufen oder aus sehr reifem Kompost, Sand und gesiebter, angefeuchteter Gartenerde in gleichen Teilen selbst herstellen.
- Bewässern Sie die Schale vor der Aussaat gründlich, damit die Samen schnell keimen können. Benutzen Sie am besten einen Sprüher oder eine Gießkanne mit einer sehr feinen Brause.
- Verteilen Sie den Samen auf der Oberfläche.
- Bedecken Sie den Samen mit einer dünnen Schicht gesiebter Erde.
- Lassen Sie beim Aufsetzen des Deckels einen Lüftungsspalt offen und stellen Sie die Schale an einen hellen Ort.

Direktaussaat in Reihen

Die Aussaat an Ort und Stelle wählen Sie bei Kulturen, die Sie aus Samen vermehren und nicht umgepflanzt werden müssen, dazu gehören z.B. Radieschen, Karotten, Schnittsalate.

Die Aussaat unter Glas oder Folie betrifft Kulturen, die Sie aus Samen vermehren und später umpflanzen können, unter anderem für Kohl, Salat, Lauch, Knoblauch.

- Säubern Sie die Aussaatfläche gründlich von Pflanzenresten.
- Lockern und glätten Sie die Fläche mit Grubber und Rechen.
- Spannen Sie eine Pflanzschnur und ziehen Sie eine Rille.
- Legen Sie das Saatgut aus. Schließen Sie die Rille mit einer Hacke oder einem Rechen.
- Gießen und jäten Sie regelmäßig, bis die Saat vollständig aufgegangen ist.

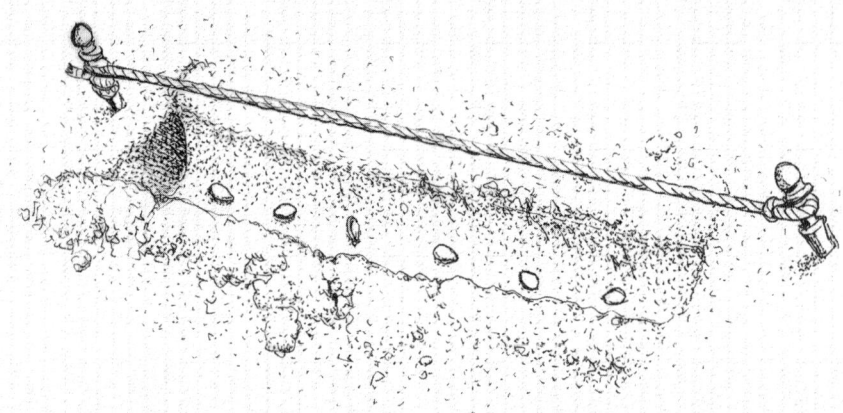

BREITAUSSAAT INS FREILAND

Diese Methode wenden Sie bei Kulturen an, von denen Sie viele Pflanzen benötigen und die nicht umgepflanzt werden, z.B. Gründünger, Radieschen, Karotten, Pastinaken, Feldsalat.

- Entfernen Sie Unkräuter mit Unkrauthacke und Rechen.
- Lockern und glätten Sie eine Fläche von ca. 1 m Breite über die gesamte Länge der Reihe (1).
- Streuen Sie das Saatgut mit breitem Wurf über die gesamte Breite des Beetes (2).
- Arbeiten Sie das Saatgut mit dem Rechen ein (3) und drücken Sie die Oberfläche an (4). Gießen Sie regelmäßig, bis die Saat aufgeht.

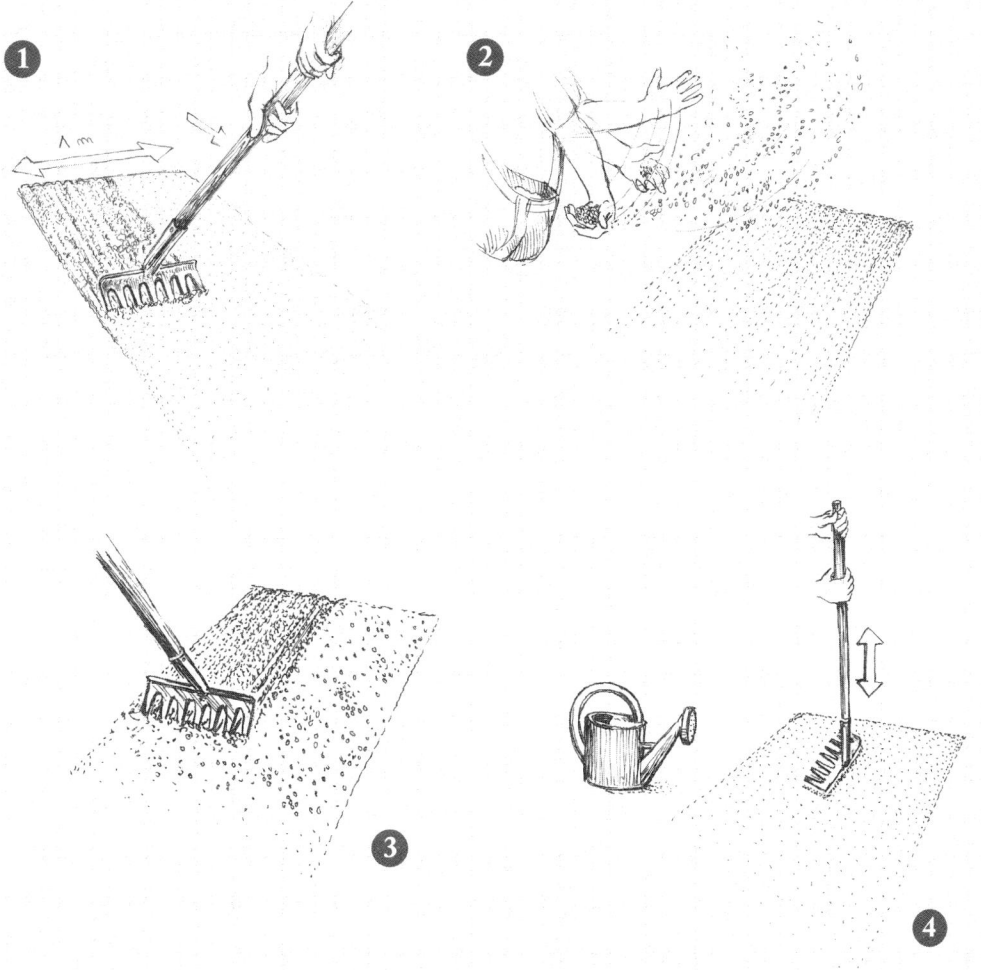

PFLANZEN – DER ANFANG IST GEMACHT

Auch beim Pflanzen gibt es je nach Pflanzengröße verschiedene Methoden. Einige Punkte sollten Sie aber immer beachten: Stellen Sie sicher, dass das Pflanzloch der Größe des Wurzelballens entspricht, drücken Sie die Erde fest an, damit sich um die Wurzeln keine Löcher bilden, und gießen Sie nach dem Pflanzen ausreichend.

KLEINE PFLANZEN: MIT PFLANZER ODER PFLANZKELLE

Pflanzer oder Pflanzkelle kommen zum Einsatz, wenn Sie Pflanzen mit kleinem Wurzelballen oder Sämlinge, die Sie in Töpfen oder im Frühbeet gezogen haben (Tomaten, Paprika, Zucchini, Kohl, Salat, Lauch), auspflanzen. Auch Pflanzkartoffeln, Zwiebeln und Knollen (Zwiebeln, Schalotten, Knoblauch) kommen mit ihrer Hilfe in die Erde. Wählen Sie für kleine Pflanzen einen Pflanzer, bei größeren Wurzelballen eine Pflanzkelle.

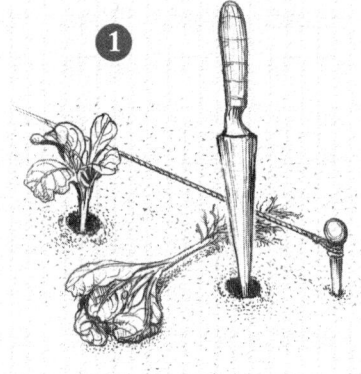

- Bereiten Sie den Boden mit Unkrauthacke und Grubber vor.
- Spannen Sie eine Pflanzschnur und verteilen Sie die Pflanzen über die gesamte Länge der Reihe.
- Bohren Sie mit dem Pflanzer ein erstes Loch (1).
- Wässern Sie den Wurzelballen einige Minuten in einem Eimer.
- Lassen Sie den Wurzelballen in das Loch gleiten. Schließen Sie das Loch, indem Sie daneben ein zweites bohren und den Pflanzer gegen das erste drücken (2).
- Bewässern Sie die Pflanzstelle mit einer Kanne ohne Brause (3).

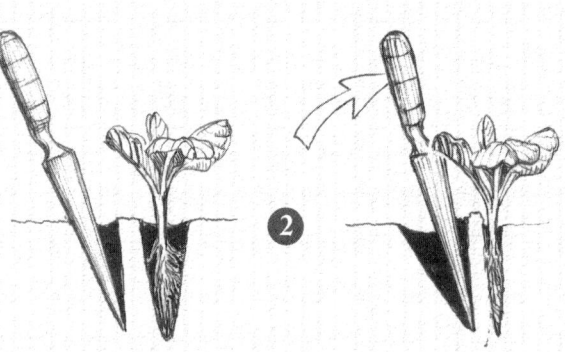

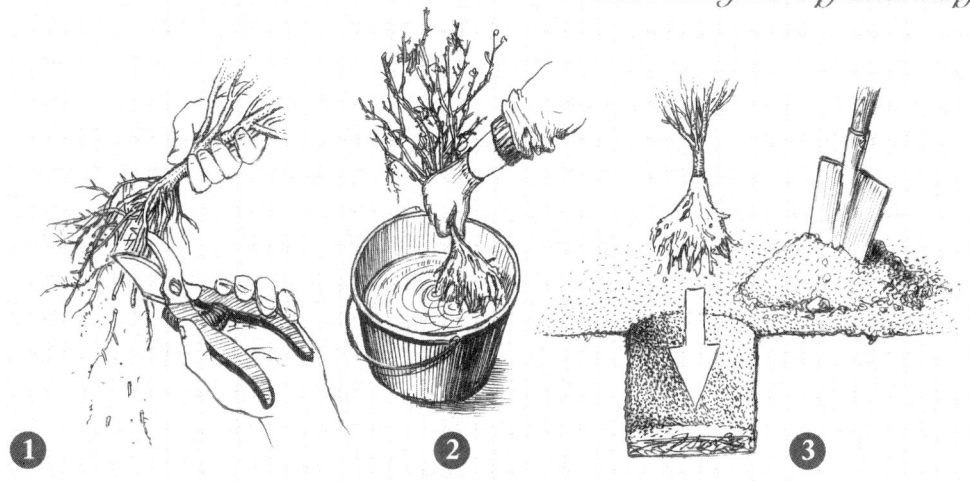

STRÄUCHER UND GROSSE PFLANZEN:
MIT DEM SPATEN

Der Spaten oder die Grabegabel kommen zum Einsatz bei Pflanzen, die in Töpfen mit einem Fassungsvermögen von 1 Liter und mehr stehen, sowie bei Pflanzen mit großem Wurzelballen, z. B. Obstbäumen.

• Heben Sie ein Loch aus, das etwas größer ist als der Wurzelballen. Lockern Sie den Boden am Grund des Pflanzlochs gründlich. Schneiden Sie beschädigte Wurzeln ab (1).

• Wässern Sie den gesamten Wurzelballen so lange in einem Eimer, bis keine Blasen mehr aufsteigen (2).

• Setzen Sie den Wurzelballen in das Loch. Der Pflanzenhals (die Stelle zwischen Wurzel und Stängel oder Stamm) sollte sich etwas unterhalb des Bodenniveaus befinden (3). Füllen Sie alle Hohlräume mit Erde. Binden Sie die Pflanze bei Bedarf an und bewässern Sie mit dem Schlauch.

BODENBEARBEITUNG – EINE BASIS SCHAFFEN

Indem Sie den Boden umgraben, vermindern Sie das Unkraut und arbeiten Bodenverbesserer in die Tiefe ein. Leider wird dadurch aber auch ein Teil des Bodenlebens zerstört, denn Mikroorganismen und Insekten können ihre Funktion, den Boden zu mischen und zu belüften, nur in bestimmten Schichten ausüben. Respektieren Sie die Natur und wählen Sie Verfahren, die schonend für das Bodenleben sind. Denn: Die Wurzeln von Wildpflanzen wachsen ja auch, ohne dass ihr Beet umgegraben wird.

MIT BODENFRÄSE ODER MOTORHACKE

Die Bodenfräse ersetzt das kraftraubende Umgraben, das den Rücken belastet. Das Power-Gerät wird vor dem Erstanbau auf großen Flächen eingesetzt, außerdem für die Herbstarbeiten in bestehenden Gärten. Allerdings fordert es ausreichend Kraft in den Armen. Verwenden Sie die Fräse auf feuchtem, aber nicht aufgeweichtem Boden (drei oder vier Tage nach einem starken Regen). Die Fräse wendet den Boden, während die Motorhacke bereits krümeligen Boden weiter lockert, aber eher an der Oberfläche bleibt. Diese Geräte können Sie mieten. Die Tagesmiete beträgt bei einer Bodenfräse 50 bis 100 Euro (plus Kaution), bei einer Motorhacke 30 bis 60 Euro, je nach Anbieter.

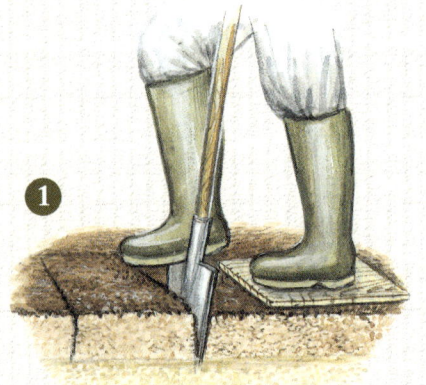

MIT GRABEGABEL ODER SPATEN

Schneiden Sie eventuell vorhandenes Gras ab. Stellen Sie sich zum Graben auf ein Brett (1), das im Beet versetzt wird. Dadurch wird der Boden nicht so stark verdichtet. Heben Sie eine breite Furche aus, die eine Spatenlänge tief ist (2). Belüften Sie die Sohle der Furche mit der Grabegabel (3). Füllen Sie die erste Furche mit der gewendeten Erde aus der zweiten (4). Belüften Sie die Sohle der zweiten Furche usw. Die letzte Furche (5) füllen Sie mit der für die erste Furche ausgehobenen Erde.

Auf diese Weise können Sie im Herbst auch sehr schwere Böden umgraben. Graben Sie Mist nicht tief ein, er verrottet sonst nicht. Verteilen Sie lieber schon kompostierten Mist auf der Oberfläche und arbeiten Sie ihn mit dem Grubber leicht ein.

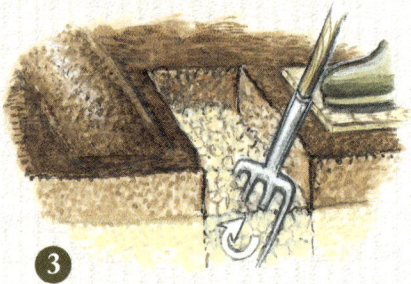

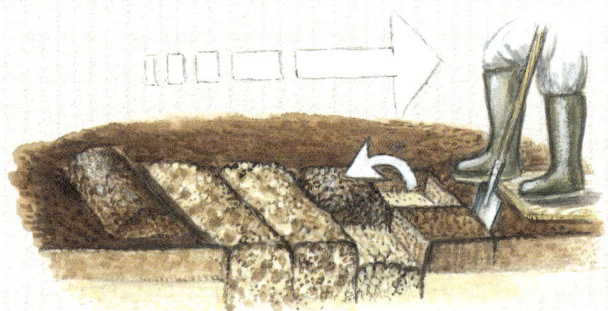

MIT DOPPELGRABEGABEL

Dieses Gerät dient der Lockerung und Belüftung des Bodens, ohne zu wenden. Die Schichten bleiben intakt, und das Bodenleben wird geschont. Arbeiten Sie in Reihen. Stechen Sie die Zinken ein und bewegen Sie die Griffe seitwärts sowie nach vorn und hinten. Arbeiten Sie sich in regelmäßigen Abständen bis zum Ende der Reihe vor und beginnen Sie dann mit der nächsten. Die Arbeit fällt leichter, wenn der Boden nicht zu stark verdichtet ist. Die Doppelgrabegabel setzen Sie idealerweise im Frühjahr ein, wenn Sie den Boden im Herbst mit Stroh oder Kompost gemulcht haben.

MIT GRUBBER

Wie die Doppelgrabegabel lockert der Grubber den Boden, ohne ihn zu wenden. Er ist jedoch nur für kleinere Flächen geeignet und erreicht keine so große Tiefe wie die Gabel. Drücken Sie den Grubber zu Beginn in den Boden, bei Bedarf mithilfe des Fußes. Bewegen Sie das Gerät kreisförmig, um den Boden zu lockern, und arbeiten Sie sich Schritt für Schritt voran.

Dieses Gerät können Sie gut zwischen Pflanzen (z. B. Tomaten, Kohl) und in Staudenbeeten einsetzen. Auch für sehr stark verdichteten Boden eignet es sich.

BEWÄSSERN – NICHT ZU VIEL, NICHT ZU WENIG

Wasser ist ein entscheidender Faktor für das Gedeihen der Pflanzen. Die Wurzeln müssen einerseits ständig damit versorgt werden, andererseits erstickt zu viel Wasser die Wurzeln, beeinträchtigt das Bodenleben und begünstigt Krankheiten wie Fäule und Mehltau. Eine zu intensive Bewässerung kann auch die Verdichtung des Bodens verstärken und zur Verkrustung führen. Dagegen nimmt ein zu trockener Boden nur schwer überhaupt wieder Feuchtigkeit auf.

FÜR JEDEN ZEITPUNKT DIE RICHTIGE BEWÄSSERUNGSMETHODE

- **Sprühbewässerung:** Saatgut sollten Sie großzügig, aber sehr fein bewässern, sodass die kleinen Körner nicht weggespült werden. Für diese Sprühbewässerung können Sie eine Schlauchbrause verwenden, die auf den breitesten Strahl eingestellt ist und nach oben und nicht direkt auf die Erde gerichtet wird. Den gleichen Effekt erzielen Sie, wenn Sie eine Gießkanne mit nach oben gerichteter Brause über der Saatreihe oder der Anzuchtschale schwenken.

- **Wurzelbewässerung:** Das Umpflanzen schwächt die Pflanzen. Damit sie weiter wachsen können, müssen sie sich schnell erholen. Eine gründliche Bewässerung fördert den Kontakt der Wurzeln mit der Erde und damit das Anwachsen. Gießen Sie mit der Kannentülle mindestens $1/3$ Liter Wasser an jede Salat-, Tomaten-, Lauch-, Kohl- und sonstige Pflanze, 4 bis 5 Liter an einen Strauch. Die Pflanzen von Hülsenfrüchten brauchen Sie nicht zu bewässern, selbst wenn sie die Köpfe etwas hängen lassen. Sie erholen sich von selbst.

- **Tropfbewässerung:** Durch ein System zur Tropfbewässerung gelangt das Wasser direkt an die Wurzeln, ohne die Blätter zu benetzen. Installieren Sie das System nach der Aussaat oder Bepflanzung an der Beetoberfläche. Stellen Sie es so ein, dass das Wasser nicht fließt, sondern tropft.

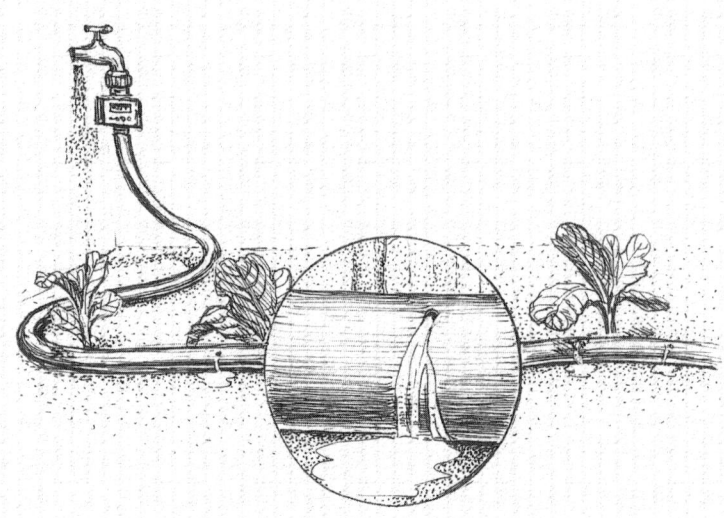

WIE VIEL WASSER BRAUCHEN DIE PFLANZEN?

Wie viel Wasser der Boden hält, hängt von seiner Beschaffenheit ab. Ein reicher, fruchtbarer Boden hat eine hohe Wasserhaltefähigkeit. Bei sandigen Böden sind hingegen häufigere Gaben von kleineren Mengen nötig als bei tonigen. Bewässern Sie so, dass das Wasser tief genug in den Boden eindringt: Mindestens 10 cm tief sollte er durchfeuchtet werden, d. h. 20 bis 30 Liter pro Quadratmeter bzw. 20 bis 30 mm. Das können Sie testen, indem Sie ein kleines Loch graben. Um zu wissen, wie viel Wasser aus Niederschlägen kommt, sollten Sie einen Regenmesser aufstellen.

ABWESENHEIT ÜBERBRÜCKEN

Der Sommer ist die wichtigste Wachstumsperiode für viele Gemüsearten (Bohnen, Tomaten, Kürbisgewächse usw.), außerdem ist dann Erntezeit. Pflanzen, die gut verwurzelt sind, können einige Tage ohne Bewässerung aushalten. Hilfreich ist, wenn Sie den Boden gut gemulcht haben (s. u.). Vor allem für junge Pflanzen, Aussaatflächen und die Pflanzen, die am empfindlichsten auf Trockenheit reagieren, ist aber eine automatische Bewässerung die praktischste Lösung, um Zeiten der Abwesenheit zu überbrücken.

DAS RICHTIGE BEWÄSSERUNGSSYSTEM

Beregnung, wie für Rasen üblich, ist für den Gemüsegarten ungünstig, da sie Krankheiten begünstigt. Die Bewässerung mit der Gießkanne aber kostet viel Zeit und Kraft. Mit dem Schlauch zu bewässern ist bis 200 Quadratmeter möglich, aber auch das ist zeit- und wasserintensiv. Am besten eignet sich die Tropfbewässerung für den Gemüsegarten.

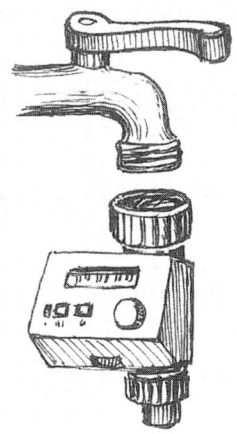

Wenn Sie im Garten über einen Elektro- und einen Wasseranschluss verfügen, sollten Sie eine Steuerung für Ihr Bewässerungssystem installieren. Diese wird mit den Tropfschläuchen (einer pro Reihe) verbunden und erlaubt es Ihnen, die abzugebende Wassermenge nach Bedarf einzustellen. Haben Sie keinen Stromanschluss und keinen Wasserhahn, können Sie trotzdem mit Tropfbewässerung arbeiten. Es gibt Anlagen, die nach dem Schwerkraftprinzip funktionieren und Wasser aus der Regentonne oder einem anderen Speicher nutzen.

MULCHEN – EIN SCHÜTZENDER MANTEL

Das Mulchen bietet zahlreiche Vorteile. Es hält das Wasser im Boden und verhindert, dass es zu schnell verdunstet; 100 g Hanfstroh halten beispielsweise 370 ml Wasser. Eine Mulchschicht schützt den Boden vor Erosion und Verdichtung und verhindert das Wachstum von Unkraut. Da sie selbst verrottet, reichert sie den Boden mit Humus an. Und nicht zuletzt schützt sie Wurzelgemüse vor Kälte und erleichtert die Ernte.

WOMIT WIRD GEMULCHT?

Gemulcht wird bei mehrjährigen Kulturen, z. B. bei Erdbeeren, Spargel, Artischocken, Rhabarber und Kräutern. Bringen Sie gleich nach dem Pflanzen eine Mulchschicht von 5 bis 7 cm Dicke auf. Erneuern Sie die Schicht vor dem Sommer, um Wasser zu sparen, und vor dem Winter, um die Pflanzen vor Frost zu schützen.

Auch bei einjährigen Kulturen können Sie mulchen. Wenn Sie die Pflanzen (Kartoffeln, Lauch, Tomaten, Zucchini, Auberginen, Kohl usw.) im Frühjahr einsetzen, drücken Sie das Stroh einfach mit dem Pflanzer auseinander. Arbeiten Sie die Reste nach der Ernte mit dem Grubber in den Boden ein.

WIE WIRD GEMULCHT?

Gemulcht wird bei mehrjährigen Kulturen, z. B. bei Erdbeeren, Spargel, Artischocken, Rhabarber und Kräuter. Bringen Sie gleich nach dem Pflanzen eine Mulchschicht von 5 bis 7 cm Dicke auf. Erneuern Sie die Schicht vor dem Sommer, um Wasser zu sparen, und vor dem Winter, um die Pflanzen vor Frost zu schützen.

Auch bei einjährigen Kulturen können Sie mulchen. Wenn Sie die Pflanzen (Kartoffeln, Lauch, Tomaten, Zucchini, Auberginen, Kohl usw.) im Frühjahr einsetzen, drücken Sie das Stroh einfach mit dem Pflanzer auseinander. Arbeiten Sie die Reste nach der Ernte mit dem Grubber in den Boden ein.

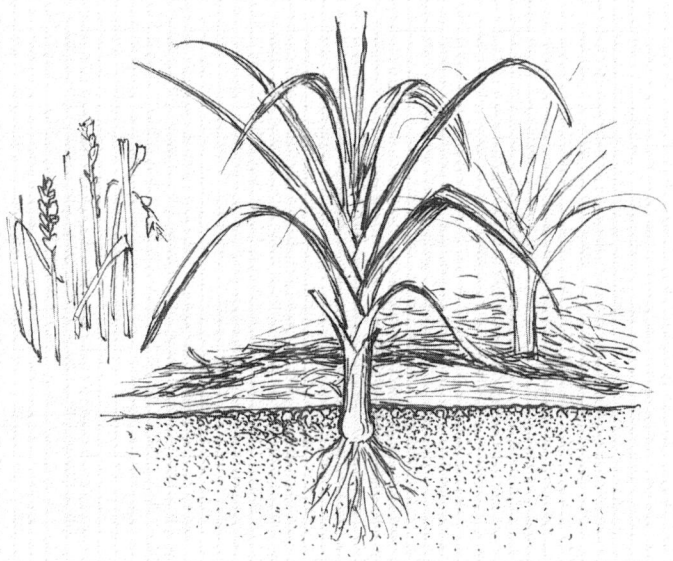

Gemüse, Beeren und Kräuter

Die Artenvielfalt für den Gemüsegarten ist riesig. Auf den folgenden Seiten finden Sie einen Überblick über die gängigsten Arten, mit einem Schwerpunkt auf solche, die wenig Aufwand erfordern, robust sind und in allen Böden gut wachsen. Kombinieren Sie nach Belieben mit ausgefalleneren und exotischen Arten.

2

Artischocke

Cynara scolymus (Korbblütler)

KULTIVIERUNG

Die Artischocke ist eine große mehrjährige Pflanze mit gefiederten Blättern. Geerntet werden die Blütenstände (Körbchen), verzehrt die Blütenböden und die unteren Hüllblätter.

Die Artischocke bevorzugt tiefe, nahrhafte Böden mit guter Drainage. In schweren, mit Frostrissen durch-
zogenen Böden gedeiht sie nicht. Reichern Sie den Boden im Herbst mit Kompost an und pflanzen Sie im
Frühjahr (März) in Töpfen gekaufte Jungpflanzen im Abstand von 1 m aus.

Legen Sie um jede Pflanze eine Gießmulde an und mulchen Sie nach dem Gießen dick mit Stroh. Ernten
können Sie schon im ersten Jahr. Schneiden Sie im Herbst die Blütentriebe über dem Boden zurück und
bringen Sie Kompost aus. Decken Sie die Pflanze im Winter mit Stroh oder Laub ab, um sie vor Frost zu
schützen. Im März entfernen Sie die Abdeckung wieder. Lassen Sie pro Pflanze zwei kräftige Triebe stehen,
im nächsten Jahr vier.

MITTLERER ERTRAG

Vier bis sechs Blütenstände pro Pflanze im ersten Jahr, acht bis zehn
im darauf folgenden.

SORTEN

Wählen Sie die Sorte nach den Bedingungen in Ihrer Region aus.
Grünköpfige Sorten wie 'Gros Vert de Laon' sind weniger
empfindlich, die zarteren violetten Sorten wie 'Violet de Provence' können Sie auch roh genießen.

WICHTIGE SCHÄDLINGE UND KRANKHEITEN

- Den größten Schaden richtet die Fäule an, die durch
  zu nassen Boden oder nicht ausreichenden Frostschutz entsteht.
- Die Blätter werden manchmal von Blattläusen befallen. Diese
  können Pilze übertragen, was zu einem schwarzen pudrigen
  Belag führt.
- Lassen Sie einige Blüten aufgehen, damit sie bestäu-
  bende Insekten anziehen. Säen Sie in der Nähe Blumen aus, die attraktiv für Nützlinge sind. Pflanzen
  Sie Artischocken alle fünf Jahre an einem neuen Standort.

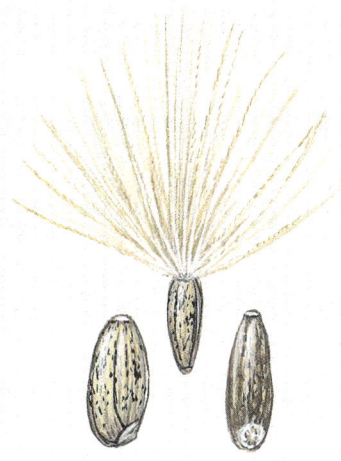

GUTE NACHBARN

Die Artischocke verträgt sich gut mit Kohl, Salat, Lauch und Kapuzinerkresse, weniger gut mit Knoblauch.

HALTBAR MACHEN

Bewahren Sie frische wie gekochte Artischocken immer im Kühlschrank auf. Kochen Sie die geschälten Böden einige Minuten in Salzwasser, dem Sie etwas Zitronensaft zugesetzt haben. Gießen Sie das Wasser ab und kochen oder frieren Sie die Artischockenböden ein. Zum Einkochen die Gläser mit Salzwasser auffüllen (ca. 20 g Salz pro Liter) und im Schnellkochtopf ca. 40 Minuten sterilisieren. Junge zarte Artischocken werden ganz blanchiert und mit Kräutern in Olivenöl eingelegt.

GENIESSEN

Roh als Vorspeise, gesalzen oder gekocht zu allen Fleischgerichten. Aus dem Ofen: Artischockenherzen 10 Minuten in kochendem Wasser blanchieren, abtropfen lassen und in eine Auflaufform geben. Öl und eine Mischung aus gehackter Petersilie und gehacktem Knoblauch (oder Schalotten) darüber geben. 10 Minuten im heißen Ofen backen.

Bohne

Phaseolus vulgaris (Schmetterlingsblütengewächse)

KULTIVIERUNG

Bohnen lieben nahrhafte, fruchtbare Böden. Da sie von Natur aus viel Stickstoff enthalten, sind Mistgaben nicht notwendig und sogar schädlich. Etwas gut verrotteter Kompost im Herbst oder ein kaliumbetonter organischer Dünger im Frühjahr sind ausreichend (100 g Tomatendünger pro Quadratmeter). Säen Sie aus, wenn der Boden schon erwärmt ist (etwa zur Zeit der Weißdornblüte). Lockern Sie den Boden mit dem Grubber und legen Sie 3 bis 5 Samen in jedes Saatloch. Der Abstand zwischen den Löchern beträgt 40 cm. Häufeln Sie die jungen Pflanzen an, um die Wurzelbildung anzuregen. Wässern Sie nach Bedarf. Bohnenpflanzen sind windempfindlich. Kletterbohnen brauchen ein Ranknetz oder ein Rankgerüst in Tipiform. Sie können auch gleichzeitig Mais aussäen, an dem die Bohnen hochranken können.

MITTLERER ERTRAG

- Grüne Bohnen: 2 bis 4 kg pro laufender Meter.
- Bohnen zum Aushülsen: 500 g pro laufender Meter.

SORTEN

Es gibt 60.000 Bohnensorten. Neue Sorten von Stangen- und Buschbohnen sind fadenlos und müssen nicht täglich geerntet werden wie die alten Sorten. Am besten sind junge Bohnen. Wählen Sie Sorten, die in allen Stadien geerntet und verarbeitet werden können (grüne Bohnen, halbtrocken, zum Aushülsen), und Gluckentypen, bei denen die Hülsen über dem Laub hängen ('Daisy'). Neuere Sorten sind ertragreicher und robuster als alte. Empfehlenswert sind 'Castandel', ihr Vorläufer 'Contender' sowie 'Amethyst', die einen sehr guten Geschmack hat und mit ihren blau-violetten Hülsen einen schönen Farbtupfer im Garten setzt.

WICHTIGE SCHÄDLINGE UND KRANKHEITEN

Die Brennfleckenkrankheit verursacht braune Flecken an Stängeln, Blättern und Hülsen (s. S. 105).

GUTE NACHBARN

Die amerikanischen Ureinwohner bauten Bohnen traditionell zusammen mit Mais und Kürbis an: Bohnen als Stickstofflieferant, Mais als Rankhilfe, Kürbis als Bodendecker. Steht Bohnenkraut in der Nähe von Bohnenpflanzen, verringert sich deren Krankheitsrisiko.

HALTBAR MACHEN

- Grüne Bohnen können eingefroren oder eingekocht werden. Vorher blanchieren. Zum Einkochen die Bohnen in Gläser schichten und andrücken. Ein halbes Glas Wasser und einen Esslöffel Salz dazugeben. 90 Minuten im Einkochtopf oder 40 Minuten im Schnellkochtopf einkochen.
- Halbtrockene Bohnen hülsen Sie noch frisch aus, wenn die Hülsen anfangen auszubleichen und die Kerne sich gut herauslösen lassen. Die Kerne können Sie dann einfrieren.
- Für Trockenbohnen die Pflanzen herausziehen, umgedreht vollständig trocknen lassen und aushülsen. Die Kerne kurz in den Gefrierschrank geben, das tötet Samenkäfer ab.

GENIESSEN

- Grüne Bohnen sind lecker gedämpft als Beilage, als Suppe oder in Mischgemüse. Rote Sorten werden beim Kochen grün.
- Halbtrockene Bohnen brauchen Sie nicht einzuweichen, ansonsten werden sie verwendet wie weiße Trockenbohnen.
- Trockenbohnen vor dem Kochen einige Stunden einweichen. Sie eignen sich für Suppen und Schmorgerichte. Tipp: Etwas Haselnussöl beugt Verdauungsproblemen vor.

Gesundheits-Plus

Grüne Bohnen enthalten viele Ballaststoffe, Mineralstoffe und Vitamine. Trockenbohnen sind reich an Kohlenhydraten, Eiweiß, Vitamin B1, B6 und B9, Eisen und Magnesium. Sie beugen Krebs- und Herz-Kreislauf-Erkrankungen vor.

Chicorée

Cichorium intybus (Korbblütler)

KULTIVIERUNG

Chicorée wird in zwei Etappen gezogen. Erst wurzeln die Pflanzen im Garten, später treiben an einem warmen, dunklen Ort die weißen Blätter. Säen Sie im Frühjahr (April bis Juni) in Reihen direkt ins Freiland. Wählen Sie vorzugsweise F1-Hybriden, die ohne Deckerde treiben. Der Boden muss reich an Kalium sein. Hacken und jäten Sie regelmäßig, nachdem die Saat aufgegangen ist. Zusätzliche Bewässerung ist nicht notwendig. Vereinzeln Sie auf eine Pflanze pro 10 cm – die Pflanzen treiben große Blätter, die oft für die Verwendung im Salat zu bitter sind. Graben Sie die Pflanzen im Oktober/November aus und lassen Sie sie einige Zeit im Schatten trocknen, dadurch kommt es zur Vegetationsruhe. Schneiden Sie das Kraut ca. 4 cm oberhalb des Wurzelhalses (Stelle zwischen Wurzel und Blättern) ab und kürzen Sie die Wurzel auf 20 bis 30 cm ein. Lassen Sie die Wurzeln in einem Innenraum (Keller, Wirtschaftsraum) bei 15 bis 20 °C treiben. Verwenden Sie dazu einen Eimer oder ein anderes geeignetes Treibgefäß, das mit einer Mischung aus Sägemehl, Sand und feuchtem Torf gefüllt ist. Nach 3 bis 5 Wochen können Sie ernten.

MITTLERER ERTRAG

1 kg pro Wurzel. Wenn Sie einzelne Blätter ernten, bildet der Spross von der Mitte her immer wieder neue Blätter.

SORTEN

Wählen Sie eine Sorte, die zum Treiben ohne Deckerde geeignet ist, am besten eine der neuen, ertragreichen F1-Hybriden wie 'Zoom' oder 'Bea'.

WICHTIGE SCHÄDLINGE UND KRANKHEITEN

- Die Zichorienminierfliege sollten Sie mit Nützlingen bekämpfen (legen Sie Blumenbeete an oder setzen Sie Ringelblumen zwischen die Chicoréepflanzen).
- Die Sklerotinia-Fäule zerstört die Pflanzen. Entfernen Sie befallene Exemplare und verwenden Sie zum Treiben nur gesunde Wurzeln.

GUTE NACHBARN

Chicorée verträgt sich gut mit Spinat, Rucola und Ringelblumen, nicht aber mit Kohl, Spargel und Rüben.

HALTBAR MACHEN

Chicorée kann fortlaufend je nach Bedarf geerntet und verbraucht werden, vorrangig im Winter bis Februar oder März.

GENIESSEN

Chicorée wird vorwiegend roh als Salat gegessen. Er kann aber auch geschmort oder gratiniert werden. Entfernen Sie den Strunk, das reduziert die Bitterstoffe. Ein Einweichen in Wasser ist bei den heutigen Sorten nicht mehr notwendig.

Endivie

Cichorium endivia (Korbblütler)

KULTIVIERUNG

Die glatte oder gekrauste Endivie wächst in jedem Boden, der reich an organischem Material ist. Arbeiten Sie deshalb im Herbst Mist oder Kompost ein. Aussäen können Sie von April bis Juni an Ort und Stelle. Zweieinhalb bis drei Monate später kann geerntet werden. Vereinzeln Sie je nach Wachstumsstadium. Die herausgenommenen Pflanzen können Sie verbrauchen oder umsetzen. Eine Salathaube aus undurchsichtiger Folie lässt die Blätter weniger bitter werden.

MITTLERER ERTRAG

10 bis 15 Köpfe pro Quadratmeter.

SORTEN

Gekrauste Endivien, auch Frisée-Salat genannt, können früher geerntet werden. Allerdings sind sie kälteempfindlich ('Wallonne' ist robuster als 'Ruffec'). Die auch als Winterendivien bezeichneten glatten Sorten wie 'Géante maraîchère' sind weniger kälteempfindlich. Schützen Sie sie mit einem Folienzelt, trockenem Laub oder Stroh. Endivien gehören zu den Zichoriensalaten, zu denen auch Chicorée und Radicchio gezählt werden.

WICHTIGE SCHÄDLINGE UND KRANKHEITEN

- Blattläuse vermehren sich zwischen den Blättern.
- Die Zichorienminierfliege lässt die Wurzel verfaulen.
- Endivien werden häufig von Schnecken befallen.

GUTE NACHBARN

Zichoriensalate vertragen sich gut mit Spinat, Rucola und Ringelblumen, nicht aber mit Kohl, Spargel und Rüben.

HALTBAR MACHEN

Endivien können nicht länger als einige Tage gelagert werden.

GENIESSEN

Endivien werden meist roh gegessen, schmecken aber auch in Suppen und Schmorgerichten. Säen Sie mehrmals aus, so sichern Sie sich Nachschub, ohne irgendwann mehr Endivien zu haben, als Sie essen können.

Gesundheits-Plus

Endivien sind reich an Vitamin A, C und E, Ballaststoffen und Mineralstoffen.

Erbse

Pisum sativum (Schmetterlingsblütengewächse)

KULTIVIERUNG

Erbsen mögen weder kalkhaltigen noch feuchten Boden. Hingegen sollte er nahrhaft und tiefgründig sein. Bereiten Sie die Fläche im Herbst vor, indem Sie ein organisches Düngemittel (Kompost oder Mist) einarbeiten.

Belüften und lockern Sie im März den Boden mit Doppelgrabegabel und Grubber. Säen Sie in Reihen mit mindestens 40 cm Abstand aus. Die Aussaat können Sie bis Juni/Juli staffeln. Häufeln Sie die Pflanzen je nach Wachstum an. Stellen Sie für rankende Sorten ein Gerüst in Tipiform auf oder spannen Sie ein Ranknetz. Ernten Sie die Hülsen regelmäßig, sobald sie von den Erbsen ausgefüllt werden. Um den Ertrag nicht zu schmälern, sollten Sie keine reifen Hülsen hängen lassen.

MITTLERER ERTRAG

300 bis 500 g pro laufender Meter.

SORTEN

Säen Sie Schäl- und Zuckererbsen früh aus, am zeitigsten die Schälerbsen ('Kleine Rheinländerin', 'Frühe Harzerin', 'Germana'). Markerbsen wie 'Wunder von Kelvedon' sind knackig und süß. Einige sind kältebeständig und können im Herbst angebaut werden ('Sima'), andere sind resistent gegen *Fusarium* ('Grandera') oder mehltautolerant ('Profita'). Zuckererbsen können Sie unausgereift mit Hülse essen, die reifen sollten Sie aushülsen ('Früher Heinrich', 'Delikata', 'Norli').

Gesundheits-Plus

Erbsen enthalten Mineralstoffe, Ballaststoffe, Eiweiß, Zucker und die Vitamine A, B, C und E.

WICHTIGE SCHÄDLINGE UND KRANKHEITEN

- Die Brennfleckenkrankheit führt zu Flecken auf Stängeln, Blättern und Hülsen.
- Mehltau lässt weiße, pulvrige Flecken entstehen, die später austrocknen.
- Die Grüne Erbsenblattlaus lässt die Blätter verkrüppeln und schwächt die Pflanze.

GUTE NACHBARN

- Günstig sind Kartoffeln.
- Koriander zieht Nützlinge an, die bei der Blattlausbekämpfung helfen.
- Ungünstig sind Pflanzen aus der Familie der Liliengewächse, z. B. Zwiebeln, Knoblauch, Lauch, Schalotten.

HALTBAR MACHEN

Erbsen können roh eingefroren oder eingekocht werden.

GENIESSEN

Essen Sie die frischen Erbsen gekocht und pur oder mit Karotten oder anderem Gemüse gemischt als Beilage.

Feldsalat

Valerianella locusta (Baldriangewächse)

KULTIVIERUNG

Säen Sie von Juli bis Oktober ins Freiland. Schließen Sie die Rillen mit dem Rechenrücken und drücken Sie die Erde fest. Halten Sie die Erde bis zum Aufgang der Saat feucht und bringen Sie im Sommer Mulch aus.

MITTLERER ERTRAG

400 g pro laufender Meter.

SORTEN

Sorten mit großen Samenkörnern sind zarter, aber kälteempfindlicher als kleinsamige, am robustesten sind 'Coquille de Louviers', 'Verte d'Etampes' und 'Verte de Cambrai'.

WICHTIGE SCHÄDLINGE UND KRANKHEITEN

Schützen Sie Feldsalat vor Vögeln und Blattläusen.

GUTE NACHBARN

Feldsalat verträgt sich mit vielen Gemüsearten. Säen Sie ihn dort aus, wo Platz frei wird.

HALTBAR MACHEN

Gewaschene frische Salatrosetten halten sich einige Tage.

GENIESSEN

Feldsalat schmeckt roh allein oder gemischt mit anderen Salaten.

Gesundheits-Plus

Feldsalat enthält viel Betacarotin, Vitamin A, B6 und C sowie zahlreiche Mineralstoffe, vor allem Kalium. Ihm wird eine vorbeugende Wirkung gegen Herz-Kreislauf-Erkrankungen zugeschrieben.

Fenchel

Foeniculum vulgare (Doldenblütler)

KULTIVIERUNG

Fenchel liebt nahrhafte, humusreiche Böden. Säen Sie unter Folie oder in Schalen aus und pikieren Sie dann in Töpfe. Pflanzen Sie die Sämlinge im Juni im Abstand von 8 bis 10 cm ins Freiland. Häufeln Sie an, sobald sich die Knolle bildet, damit diese weiß wird. Bewässern Sie reichlich. Bei zu wenig Wasser und zu viel Wärme blühen sie und sterben ab (schossen), ohne dass sich eine Knolle bildet. Die letzten Knollen ernten Sie im November. Zur Aufbewahrung einfach einschlagen, d. h. gemeinsam in eine Grube legen und locker mit Erde bedecken.

MITTLERER ERTRAG

2 kg pro Quadratmeter.

SORTEN

Wählen Sie wüchsige und schossfeste F1-Sorten.

WICHTIGE SCHÄDLINGE UND KRANKHEITEN

Bisher wurden beim Anbau im Haus- oder Kleingarten keine schwerwiegenden Krankheiten beobachtet.

GUTE NACHBARN

Fenchel ist nützlich, denn er vertreibt Blattläuse und Kaninchen. Er sollte nicht in der Nähe von Tomaten stehen.

HALTBAR MACHEN

Die Knollen, die Sie nicht sofort verzehren möchten, können Sie einfrieren oder einkochen (90 Minuten bei 100 °C). Die getrockneten Blätter bewahren Sie in Gewürzdosen auf.

GENIESSEN

Die Knollen und zarten Stängel werden roh als Salat oder gedämpft gegessen. Die Blätter eignen sich für Suppen und vor allem für Fischgerichte.

Gesundheits-Plus

Fenchel ist reich an Vitaminen (A, B9, C), Mineralstoffen (Kalzium, Magnesium), Eisen und Anethol. Er wirkt verdauungsfördernd, regt die Milchbildung an und wird bei der Behandlung von Bluthochdruck eingesetzt.

Grüner Spargel
Asparagus officinalis (Liliengewächse)

KULTIVIERUNG

Im Gegensatz zum weißen Spargel, der leichte Böden liebt, wächst der Grüne Spargel in allen Böden, selbst in etwas schwereren. Er erfordert auch keine Hügel. Die Pflanzen werden für bis zu zehn oder zwölf Jahre gesetzt. Graben Sie im Herbst gründlich um und bringen Sie Mist, Kompost oder einen anderen guten organischen Bodenverbesserer aus. Im Frühjahr pflanzen Sie ein- oder zwei-jährige Setzlinge, sogenannte Klauen, im Abstand von 20 cm in eine Reihe. Bedecken Sie die Pflanzen mit einigen Zentimetern Erde. In den ersten bei-den Jahren entfernen Sie im Herbst das Kraut, hacken, bewässern und bringen Kompost aus. Im Winter die ver-trockneten Stängel entfernen und ver-brennen. Ab dem dritten Jahr können Sie die essbaren Sprosse ernten, im vierten Jahr wird der Ertrag dann höher. Ernten Sie nur eine Stange von drei oder vier, damit sich die Pflanzen wieder erholen.

MITTLERER ERTRAG
500 g pro Pflanze ab dem vierten Jahr.

SORTEN

Bekannte Grünspargel-Sorten sind 'Steiners Steiniva', 'Spaganiva', 'Steineo' oder 'Schneewittchen'. Es sind auch männliche Hybrid-Sorten erhältlich, beispielsweise die sehr frühe 'Primaverde' oder die frühe 'Viridas'. Beide sind anthocyanfrei, d. h., sie enthalten keinen blauen Farbstoff, der die Stangen violett färbt.

WICHTIGE SCHÄDLINGE UND KRANKHEITEN

Die Spargelfliege bekämpfen Sie im Spätherbst, indem Sie das Laub entfernen und verbrennen.

GUTE NACHBARN

Spargel vergiftet sich im Laufe der Kultur selbst, da er im Wurzelbereich giftige Substanzen absondert. Er verträgt sich gut mit Kartoffeln, Kürbisgewächsen, Basilikum, Tomaten, Kapuzinerkresse und Studentenblumen. Ungünstig ist die Kombination mit anderen Liliengewächsen und Mangold.

HALTBAR MACHEN

Spargel wird am besten eingekocht. Dazu die Stangen schälen, waschen und dicht nebeneinander in ein hohes Glas stellen. Mit Salzwasser (20 g Salz pro Liter) auffüllen. Bei 100 °C sterilisieren; 90 Minuten im Einkochtopf, 40 Minuten im Schnellkochtopf.

GENIESSEN

- Als Vorspeise mit einer Mayonnaise oder Vinaigrette.
- Als Cremesuppe: Dazu den Spargel 10 Minuten in etwas Hühnerbrühe kochen. Pürieren und einen Esslöffel Crème fraîche dazugeben.
- In einem Omelett oder auf einer Quiche. Als Zutat in Mischgemüse neben Erbsen und Karotten.

Gesundheits-Plus

Spargel ist kalorienarm und reich an Ballaststoffen und Asparagin. Er wirkt harntreibend.

Gurke
Cucumis sativus (Kürbisgewächse)

KULTIVIERUNG

Belüften Sie im Herbst den Boden, bringen Sie gut verrotteten Kompost oder Mist aus (eine Schubkarre auf 10 Quadratmeter) und arbeiten Sie ihn mit dem Grubber ein.

Säen Sie im März an einem warmen Ort in Anzuchtschalen aus und setzen Sie die Sämlinge später in Töpfe um. Pflanzen Sie im Mai ins Freiland aus, halten Sie dabei in der Reihe einen Abstand von 60 cm ein. Befestigen Sie die Pflanzen an einem Stab oder einem Ranknetz. Wenn der Haupttrieb vier Blätter getrieben hat, kappen Sie ihn oberhalb des zweiten Blattes. Daraufhin bilden sich Seitentriebe, die Sie jeweils oberhalb des vierten Blattes einkürzen. Entfernen Sie schließlich alle neuen Triebe oberhalb einer Frucht.

MITTLERER ERTRAG

Etwa zehn Gurken pro Pflanze.

SORTEN

Wählen Sie für das Freiland F1-Hybriden wie 'Marketer', 'Gynial' oder 'Swing'. Einlegegurken gehören zur selben Art wie Salatgurken. Die sogenannten „gynodiözischen" Sorten bilden keine männlichen Blüten und sind viel ertragreicher als die alten Sorten.

WICHTIGE SCHÄDLINGE UND KRANKHEITEN

Blattläuse, Echter und Falscher Mehltau, Brennfleckenkrankheit.

GUTE NACHBARN

Hier gibt es nur wenig verlässliche Erkenntnisse. Radieschen und Kapuzinerkresse vertragen sich mit Gurken.

HALTBAR MACHEN

Je nach Sorte können Sie Gurken mit Essig haltbar machen oder roh essen.

GENIESSEN

Gurken können Sie fortlaufend frisch genießen. Tatsächlich sollten Sie sie fast jeden Tag ernten, denn wenn Sie überreife Früchte an der Pflanze belassen, hemmen sie die Produktion.

Karotte
Daucus carota (Doldenblütler)

KULTIVIERUNG

Die Karotte liebt leichte, gut belüftete, nährstoffreiche Böden. Wenn Ihr Boden schwer und tonig ist, können Sie im Herbst auf 10 Quadratmetern eine Schubkarre Torf und Sand einarbeiten. Unabhängig vom Typ sollten Sie den Boden im Herbst belüften und auf 10 Quadratmetern eine Schubkarre Kompost ausbringen. Zu schwerer, klumpiger Boden bringt gespaltene und verdrehte Karotten hervor.

Die Aussaat der Saisonkarotten erfolgt von März bis Juni, die der Lagerkarotten im Juni und Juli. Ziehen Sie eine 2 cm breite Rille und bewässern Sie den Grund gut. Legen Sie die Samen aus und bedecken Sie sie mit trockener Erde und Zeitungspapier. Ist die Saat innerhalb von acht bis zehn Tagen aufgegangen, entfernen Sie das Papier. Jäten Sie in den ersten Wochen sorgfältig das Unkraut. Wenn die Karottenpflanzen 4 bzw. 10 cm hoch sind, sollten Sie die Reihen ausdünnen, sodass auf 4 bis 5 cm nur eine Pflanze stehen bleibt. Karotten werden nicht umgepflanzt.

MITTLERER ERTRAG

1 bis 5 kg pro Quadratmeter, je nach Bodentyp und Sorte.

SORTEN

Alte Sorten haben einen guten Geschmack, F1-Hybrid-Sorten zeichnen sich durch hohe Erträge und gleichmäßigen Wuchs aus. Es gibt tief orangefarbene Sorten, aber auch gelbe, weiße ('White Satin') und violette ('Deep Purple'), mit denen Sie Ihre Gäste überraschen können. Manche Sorten sind resistent gegen die Möhrenfliege, z. B. 'Flyaway'.

WICHTIGE SCHÄDLINGE UND KRANKHEITEN

Die Möhrenfliege: Ihre Larven fressen sich durch die Karotte und machen sie für den Verzehr unbrauchbar (s. S. 107).

GUTE NACHBARN

Die Kombination von Karotten und Lauch ist ein Klassiker der Mischkultur, der Lauch kann aber auch durch andere Kulturen aus derselben Familie ersetzt werden. Auch Tomaten sind geeignete Nachbarn. Salat können Sie zusammen mit Karotten säen, aber früher ernten.

Gesundheits-Plus

Die Karotte ist reich an Vitamin A, B, E und K sowie an Mineralstoffen und gilt als das gesunde Lebensmittel schlechthin. Sie wirkt vorbeugend gegen Haut- und Herz-Kreislauf-Erkrankungen sowie gegen Krebs, und sie ist gut für die Augen.

HALTBAR MACHEN

Ernten Sie vor dem ersten Frost bei trockenem Wetter. Lassen Sie die Karotten zwei Tage auf dem Boden trocknen. Karotten können Sie im Keller mehrere Monate lagern, sei es in einem Behälter mit Sand, einem Waschkessel oder einer Kiste. Der Standort muss frostfrei und vor Nagetieren sicher sein.

GENIESSEN

Die Karotte ist ein echtes Allrounder-Gemüse. Sie schmeckt als Rohkost-salat, Cremesuppe, Eintopf oder Gemüsebeilage und für Desserts, Sorbets und Backwaren verwendet. Aber nichts geht über eine knackige Karotte frisch aus dem Garten!

Kartoffel

Solanum tuberosum (Nachtschattengewächse)

KULTIVIERUNG

Am besten eignen sich für Kartoffeln leichte, tiefgründige Böden. Sorgen Sie im Herbst für Tiefenlockerung und -belüftung und arbeiten Sie viel organischen Bodenverbesserer (mit Algen angereicherter Mist, Kompost) ein.

Kaufen Sie im Februar zertifiziertes ungekeimtes Pflanzgut in Beuteln. Legen Sie die Knollen zum Keimen nebeneinander in eine Kiste, die Sie an einen hellen, frostfreien Ort stellen. Sie können auch vorgekeimte Kartoffeln in Kunststoffbehältern kaufen. Gepflanzt wird nach den letzten Bodenfrösten (etwa zur Fliederblüte). Pflanzen Sie im Abstand von 25 cm und häufeln Sie zweimal an, das hemmt das Unkraut und fördert die Knollenbildung.

Frühkartoffeln können Sie zwei bis drei Monate nach dem Pflanzen ernten. Lagerkartoffeln ernten Sie erst, wenn das Kraut vertrocknet ist. Graben Sie die Knollen vorsichtig aus und lassen Sie sie einen Tag lang trocknen. Lagern Sie die Kartoffeln auf Lattengestellen (Horden) oder Kisten.

MITTLERER ERTRAG

2 bis 5 kg pro Quadratmeter.

SORTEN

Es gibt Dutzende Sorten, von denen jede bestimmte Eigenschaften und Vorzüge hat.

- Von den fest kochenden Sorten haben 'Amandine' und 'Charlotte' eine gute Mehltauresistenz, 'Annabelle' ist eine sehr frühe Sorte.
- Von den mehlig kochenden Sorten lässt sich 'Desiree' besonders gut lagern, frühe Sorten sind 'Gunda' und 'Karlena'.
- Sorten mit blauviolettem Fleisch sind z. B. 'Blaue Schweden', 'Salad Blue' oder die französische Trüffelkartoffel 'Vitelotte'.

WICHTIGE SCHÄDLINGE UND KRANKHEITEN

- Kraut- und Knollenfäule: Behandeln Sie die Pflanzen während der Anbauperiode zwei- bis dreimal mit Bordeauxbrühe (Kupferkalkbrühe).
- Kartoffelkäfer: Mischen Sie Kartoffelpflanzen mit Lockpflanzen (s. unten). Sammeln Sie die Käfer per Hand ab. Setzen Sie bei der Bekämpfung auf Nützlinge und behandeln Sie wenn nötig mit einem Mittel auf Pyrethroid-Basis.

GUTE NACHBARN

- Gegen Kartoffelkäfer bietet sich die Mischkultur mit Erbsen und Litchitomate als Lockpflanze an.
- Günstig ist die Kombination mit Tomaten, Gurken und Radieschen.
- Frühkartoffeln können Sie mit Kohl kombinieren, dessen Hauptwachstum nach der Kartoffelernte einsetzt.

HALTBAR MACHEN

Kartoffeln überstehen den gesamten Winter, wenn sie luftig, trocken, dunkel und frostfrei gelagert werden (im Keller oder in der Speisekammer). Kontrollieren Sie die Kartoffeln vor dem Einlagern und wählen Sie nur gesunde, unverletzte Knollen. Am Ende des Winters keimen die Kartoffeln. Sie können sie einmalig mit der Hand entkeimen.

GENIESSEN

Es gibt besonders geeignete Sorten für jede Zubereitungsart, z. B. zum Kochen, Dämpfen, Frittieren, Braten oder Pürieren. Kartoffeln werden auch zu Suppen, Salaten und Gratins verarbeitet sowie ganz als Ofenkartoffeln serviert. Den Möglichkeiten sind keine Grenzen gesetzt!

Gesundheits-Plus

Kartoffeln enthalten Stärke, Ballaststoffe, Eiweiß, Mineralstoffe und die Vitamine B und C.

Knoblauch

Allium sativum (Liliengewächse)

KULTIVIERUNG

Knoblauch wird mit Zehen oder Brutknöllchen vermehrt. Er bevorzugt tonigen Boden, wächst aber in allen
Böden, wenn sie nicht zu feucht sind. Wichtig ist, dass Sie
im Jahr vor dem Knoblauchanbau keinen Mist oder konzentrierten organischen Bodenverbesserer ausbringen. Bereiten
Sie den Boden im Herbst vor. Dabei können Sie das traditionelle Umgraben durch eine Gründüngung ersetzen, sie nimmt
überschüssigen Stickstoff auf. Stecken Sie im März die Zehen in
Reihe und im Abstand von mindestens 10 cm. Drücken Sie sie mit
der Spitze nach oben 2 bis 3 cm tief in die Erde. Bewässern Sie nach
dem Pflanzen. Entfernen Sie Unkraut regelmäßig mit Grubber oder
Hacke.

Schon vor der eigentlichen Reife können Sie das erste Mal ernten. Diesen
frischen Knoblauch (er ist nicht grün, sondern weiß oder rosa) sollten Sie
sofort in der Küche verwenden. Knoblauch, der länger aufbewahrt werden
soll, bleibt bis zur endgültigen Reife stehen, d. h. bis das Kraut oben welk wird.
Lassen Sie die Knollen nach der Ernte einige Stunden auf dem Boden trocknen.
Danach müssen sie an einem luftigen Ort gelagert werden, um weiter zu trocknen.

MITTLERER ERTRAG

2 kg pro Quadratmeter, 500 g pro laufender Meter.

SORTEN

Die Sorten, die im Herbst gepflanzt werden, halten sich weniger gut und sind
empfindlicher gegen Feuchtigkeit als die Sorten, die Sie im Frühjahr pflanzen.
Es ist deshalb sinnvoller, mit dem Anbau einer Frühjahrssorte (z. B. rosa Knoblauch vom Typ 'Rose de Lautrec') zu beginnen. Im Fachhandel erhältlicher
Pflanz-Knoblauch ist zertifiziert, was Qualität, Sortenreinheit und Parasiten-
freiheit garantiert. Sie können auch Zehen von einer im Vorjahr selbst
geernteten Knolle stecken, aber auf eigene Gefahr!

WICHTIGE SCHÄDLINGE UND KRANKHEITEN

- Weißfäule *(Sclerotium cepivorum)*: Das Kraut vergilbt, die Pflanze wächst nicht mehr und stirbt ab (s. S. 104).
- Knoblauchfliege: Die Blätter vertrocknen von den Spitzen her.

GUTE NACHBARN

Karotte: Ihr Geruch hält Parasiten fern.

HALTBAR MACHEN

- Frischer Knoblauch: In Olivenöl einlegen. Dazu die Zehen schälen und in kleine Gläser geben. Je einen Zweig Estragon und Bohnenkraut sowie einige Korianderkörner dazugeben und alles mit Olivenöl bedecken. Vor dem Verzehr einen Monat ziehen lassen.
- Getrockneter Knoblauch: Zöpfe aus 5 bis 7 Pflanzen flechten oder die getrockneten Knollen in einer Kiste an einem frostfreien Ort lagern.

GENIESSEN

Knoblauch ist ein fester Bestandteil der Mittelmeerküche, ob roh (Aioli, Salatsaucen oder Pesto) oder gekocht in Suppen oder Saucen. Entfernen Sie vor der Verarbeitung den Keim.

Kohl

Brassica oleracea (Kreuzblütler)

KULTIVIERUNG

Kohl wächst in allen Böden, selbst schweren tonigen, allerdings darf der Boden nicht sauer sein. Reichern Sie den Boden im Herbst mit gut verrottetem Kompost an. Kohl ist eine Dauerkultur. Er wird unter Glas oder Folie ausgesät und ein- bis zweimal pikiert, bevor er endgültig ausgepflanzt wird. Sie können sich die Sache erleichtern, indem Sie Jungpflanzen in Töpfen kaufen. Setzen Sie die Pflanzen ca. 10 cm tief, um die Wurzelbildung anzuregen, dann wässern und mulchen.

MITTLERER ERTRAG

10 bis 15 Köpfe pro Quadratmeter, je nach Sorte.

SORTEN

Eine frühe Weißkohlsorte ist 'Premiere', 'Kilaton' ist resistent gegen Kohlhernie. Rotkohl schmeckt etwas milder und süßer als Weißkohl. Es gibt zahlreiche Sorten mit schönen glatten Blättern ('Primero', 'Rookie' oder 'Lectro'). Wirsing ist unempfindlich gegen Kälte.

WICHTIGE SCHÄDLINGE UND KRANKHEITEN

- In sauren Böden kommt es oft zur Kohlhernie. Die Zahl der Kohlschädlinge reduziert sich, wenn sich in der Nähe Blumenbeete oder -wiesen befinden, die viele Nützlinge beherbergen.
- Den Kohlweißling können Sie mit einem Sprühinsektizid auf der Basis von Bacillus thuringiensis bekämpfen. Es ist auch im Bio-Landbau zugelassen.

GUTE NACHBARN

- Zahlreiche Pflanzen wirken vorbeugend gegen Motten und Raupen (Dill, Bohnen, Sellerie, Tomaten), Kohlweißlinge (Thymian, Tomaten, Kosmeen), Nematoden (Studentenblume) und Blattläuse (Kapuzinerkresse).
- Gemüsearten wie Salat, Spinat und selbst Kartoffeln können Sie zwischen die Kohlköpfe pflanzen.

> ## *Gesundheits-Plus*
>
> Kohl ist reich an Vitaminen (A, B9 und C), Antioxidanzien, Ballaststoffen und Serotonin (gegen Stress). Seit einiger Zeit wird die vorbeugende Wirkung von Kreuzblütlern gegen Krebs diskutiert. Das in diesem Zusammenhang am häufigsten genannte Gemüse ist der Brokkoli.

- Auch Hülsenfrüchte (Bohnen, Erbsen), Endivien und Zucchini werden oft in Mischkultur mit Kohl angepflanzt.

HALTBAR MACHEN

- Wirsing kann den ganzen Winter über im Beet bleiben. Ernten Sie deshalb erst dann, wenn Sie ihn verarbeiten möchten – es sei denn, Sie brauchen den Platz, den er im Garten belegt.
- Weißkohl können Sie zu Sauerkraut verarbeiten. Dafür eignen sich besonders Herbstsorten mit viel Saft und dichten Köpfen.

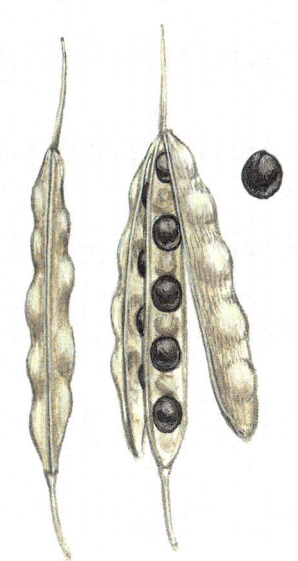

GENIESSEN

Als Rohkost, gekocht als Beilage oder Eintopf, geschmort, gefüllt als Kohlroulade – Kohl bietet unendlich viele Möglichkeiten!

Rosenkohl, Brokkoli und Blumenkohl

Sie werden genauso angebaut wie Kohl. Sie brauchen einen nahrhaften Boden und regelmäßige Bewässerung. Schützen Sie Sämlinge vor Kälte und Wärme, die das Wachstum hemmen und die Pflanzen kümmern lassen. Vermeiden lässt sich dieses Problem, wenn erst einmal in Torftöpfe gepflanzt wird. Planen Sie vier Pflanzen pro Quadratmeter. F1-Hybrid-Sorten haben eine höhere Qualität und Krankheitsresistenz. Ernten Sie je nach Bedarf vor der Blüte.

Küchenzwiebel
Allium cepa (Liliengewächse)

KULTIVIERUNG

Die Aussaat erfolgt in Reihen von Ende Februar bis April. Der Boden sollte nicht tiefgründig und nur wenig mit Mist angereichert sein. Schließen Sie die Saatrille und gießen Sie ausreichend. Nach dem Aufgehen der Saat vereinzeln Sie auf eine Pflanze alle 5 bis 10 cm. Hacken und jäten Sie regelmäßig und bewässern Sie sparsam. Verknoten Sie das Kraut, sobald es trocken wird. Zwei bis drei Tage später ziehen Sie die Zwiebeln heraus und lassen sie an Ort und Stelle einen Tag in der Sonne liegen. Lagern Sie die Zwiebeln trocken.

MITTLERER ERTRAG

500 g bis 1 kg pro laufender Meter.

SORTEN

Bewährte Sorten sind 'Gelbe Zittauer', 'Stuttgarter Riesen' oder 'Rote Braunschweiger'.

WICHTIGE SCHÄDLINGE UND KRANKHEITEN

Der Zwiebelfliege können Sie durch Mischkultur mit Karotten begegnen.

GUTE NACHBARN

Karotten, Salat, Radieschen. Ungünstig sind Hülsenfrüchte.

HALTBAR MACHEN

Zu Zöpfen geflochten aufhängen oder in Stiegen aufbewahren, in jedem Fall bei Zimmertemperatur.

GENIESSEN

Roh im Salat, gekocht in Suppen, Schmorgerichten, Ratatouille, gefüllt, auf Zwiebelkuchen oder in Chutneys.

Gesundheits-Plus

Zwiebeln enthalten Antioxidanzien, Vitamine, Mangan, Selen und andere Mineralien. Sie wirken vorbeugend gegen Krebs (u.a. Darm, Prostata) und Herz-Kreislauf-Erkrankungen.

Lauch

Allium porrum (Liliengewächse)

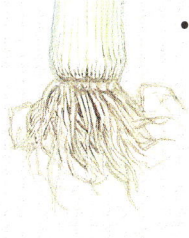

KULTIVIERUNG

Lauch wird normalerweise vom Frühjahr bis zum Herbst angebaut. Säen Sie ab Februar oder März unter Glas oder Folie aus, in Reihen oder breitwürfig. Ziehen Sie die Pflanzen heraus und wählen Sie die kräftigsten aus. Kürzen Sie die Wurzeln auf 2 bis 3 cm ein und schneiden Sie die Blätter etwas zurück. Dann tauchen Sie die Pflanzen in leicht chloriertes Wasser. Sie können natürlich auch Lauchpflanzen kaufen.

Pflanzen Sie in 10 cm Abstand in eine tiefe Furche, ideal ist die Zeit von Mai bis Juli. Füllen Sie die Furche während der Pflegearbeiten immer weiter und häufeln Sie die Schäfte dann zusätzlich an. Bei Bedarf gießen.

Ernten können Sie 2 Monate nach dem Auspflanzen und bis in den Herbst hinein. Mulchen Sie, um den Lauch vor Kälte zu schützen.

MITTLERER ERTRAG

3 bis 4 kg pro laufender Meter.

SORTEN

Es gibt Sorten, die früh reifen ('Bavaria' oder 'Easton F1'), andere sind besonders frostbeständig ('Blaugrüner Winter' oder 'Fahrenheit F1') oder eignen sich gut zum Einfrieren ('Elefant'). Neuere Sorten sind milder im Geschmack und kräftiger im Wuchs.

WICHTIGE SCHÄDLINGE UND KRANKHEITEN

Die Raupen der Lauchmotte fressen Gänge in den Schaft, bis er letztlich von innen her verfault.

GUTE NACHBARN

• Karotten und Sellerie haben Eigenschaften, die wirksam gegen die Lauchmotte sind.

• Lauch verträgt sich auch mit Salat und Fenchel.

• Er sollte nicht mit Kohl, Bohnen und Roter Bete kultiviert werden.

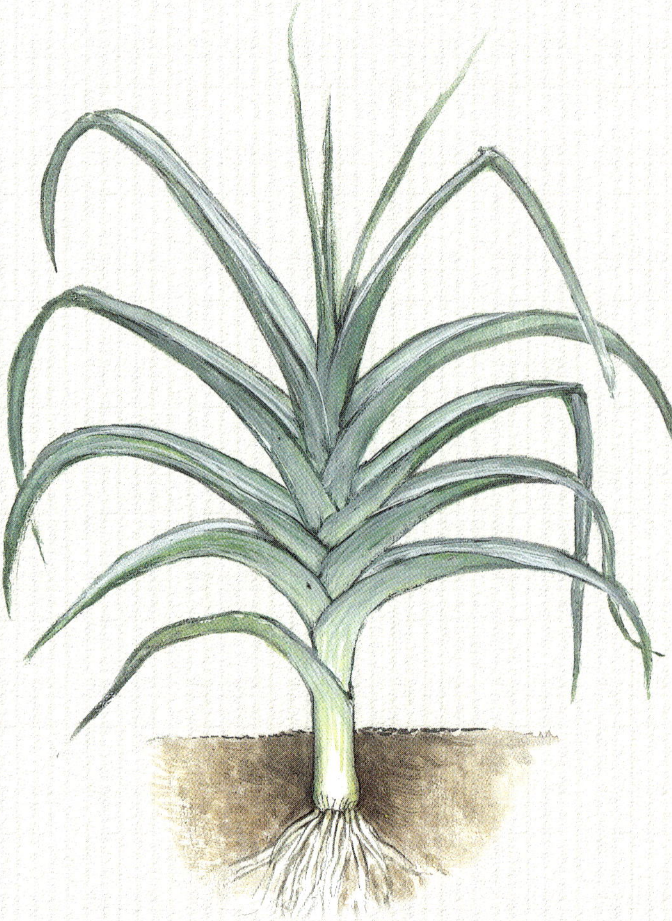

Gesundheits-Plus

Lauch fördert die Verdauung (er ist reich an Kalium und Ballaststoffen). Er enthält die Vitamine A, B, C und E. Er spielt eine Rolle bei der Krebsvorbeugung.

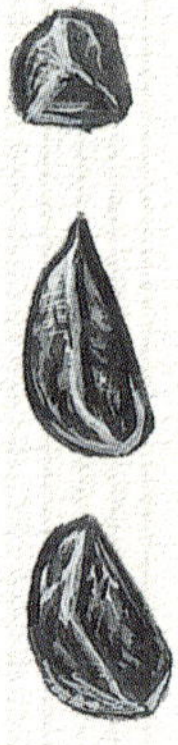

Haltbar machen

Lauch steht das ganze Jahr über zur Verfügung, denn gut geschützt kann er im Boden bleiben. Sie können ihn aber auch ernten und in einer Gartenecke zusammen in einer Grube mit Erde bedeckt lagern. Geeignete Sorten einfrieren.

Geniessen

Lauch wird meist gekocht gegessen. Er eignet sich für Eintöpfe, Cremesuppen, verschiedenste Gemüsebeilagen und -mischungen sowie herzhafte Kuchen.

Mangold
Beta vulgaris (Gänsefußgewächse)

KULTIVIERUNG

Säen Sie Mangold ab März unter Folie oder direkt ins Freiland aus. Der Boden sollte humos sein, Mangold ist aber anspruchsloser als beispielsweise Rote Bete.

Setzen bzw. vereinzeln Sie die jungen Pflanzen so, dass sie im Abstand von 30 bis 40 cm stehen. Hacken und bewässern Sie sorgfältig und mulchen Sie im Sommer. Ab Juli können Sie die Blätter einzeln von außen ernten.

Vor dem ersten Frost können Sie die Pflanzen mit einer dicken Mulchschicht schützen. Besser ist es jedoch, sie herauszunehmen und in Sand in einem Innenraum zu lagern.

MITTLERER ERTRAG

2 bis 5 kg pro laufender Meter.

SORTEN

Blattmangold wird wie Spinat gegessen, z. B. 'Lucullus' oder 'Rhubarb Chard/Bali'. Stielmangold bereiten Sie wie Spargel zu, z. B. die Sorten 'Glatter Silber' oder 'Verte á Carde Blanche' (relativ frostbeständige Sorte). Mangold mit farbigen Rippen ist nicht nur etwas für den Gemüsegarten, er macht auch als Zierpflanze eine gute Figur.

WICHTIGE SCHÄDLINGE UND KRANKHEITEN

- Der Rübenerdfloh, ein kleiner springender Käfer, durchlöchert die Blätter. Bei Blattlausbefall rollen sich die Blattränder auf. Setzen Sie bei der Bekämpfung auf Nützlinge.
- Mehltau erzeugt einen weißlichen Belag. Achten Sie beim Bewässern darauf, die Blätter nicht zu benetzen.

GUTE NACHBARN

Mangold kann in Mischkultur mit Salat, Zwiebeln und Dill angebaut werden. Kombinieren Sie ihn nicht mit Karotten, Tomaten und Spargel.

HALTBAR MACHEN

Blätter und Stiele am besten erst kurz vor der Verarbeitung ernten. Alternativ können Sie sie blanchieren und eingefrieren oder einkochen.

GENIESSEN

Junge weiße Stiele schmecken als Beilage zu Fleischgerichten oder in Aufläufen. Die Blätter lassen sich gemischt mit Spinat für Suppen oder Füllungen, etwa für Ravioli, nutzen.

Paprika
Capsicum annuum (Nachtschattengewächse)

KULTIVIERUNG

Dieses farbenprächtige Gemüse anzubauen ist leichter als gedacht. Gemüse- und Gewürzpaprika lieben nährstoffreichen Boden mit guter Drainage, auf dem Sie im Herbst Kompost ausbringen können. Säen Sie im März im Warmen in Töpfe oder Schalen aus. Natürlich können Sie auch fertige Pflanzen kaufen. Pflanzen Sie im Mai, wenn kein Frost mehr zu befürchten ist, im Abstand von 50 cm aus. Bewässern Sie und binden Sie die Pflanzen sofort an einen Stab. Knipsen Sie die erste Blüte am Haupttrieb aus und kappen Sie die Seitentriebe, die sich daraufhin bilden, oberhalb der dritten oder vierten Blüte. Belassen Sie etwa ein Dutzend Früchte an jeder Pflanze.

MITTLERER ERTRAG

Verschieden: ca. 1 kg pro Pflanze.

SORTEN

Gemüsepaprika sind grün, gelb, rot oder schwarz. Wählen Sie die Sorte nach den Anbaubedingungen aus. Es gibt F1-Hybridsorten, die gegen das Tabakmosaikvirus resistent sind (z. B. 'Esterel F1'), besonders süße Sorten, solche mit länglich-spitzen ('Doux long des Landes') oder besonders großen Früchten ('Doux d'Espagne'). Der schärfste Gewürzpaprika ist 'Chili de Cayenne'.

WICHTIGE SCHÄDLINGE UND KRANKHEITEN

Die Schwarze Bohnenblattlaus.

Gesundheits-Plus

Paprika enthält Mineralstoffe (Mangan, Kupfer u.a.), die Vitamine A, B, C und K sowie Antioxidanzien. Er wirkt vorbeugend gegen Krebs und Herz-Kreislauf-Erkrankungen.

GUTE NACHBARN

Darüber ist wenig bekannt.

HALTBAR MACHEN

Gemüsepaprika halten sich im Gemüsefach des Kühlschranks einige Tage. Um sie einzufrieren, sollten Sie sie entkernen und in Stücke schneiden. Kleine Früchte können Sie grillen, schälen und in Olivenöl einlegen. Gewürzpaprika werden getrocknet.

GENIESSEN

Gemüsepaprika schmeckt gut roh als Snack oder in Salaten. Sie können ihn auch grillen und füllen, gekocht ist er ideal für Ratatouille.

Pastinake
Pastinaca sativa (Doldenblütler)

KULTIVIERUNG
Die Pastinake braucht tiefgründigen, humosen Boden. Bringen Sie im Herbst Kompost aus (eine Schubkarre auf 10 m²) und arbeiten Sie ihn mit dem Grubber ein. Säen Sie ab April in Reihen aus. Verschließen Sie die Rillen und bewässern Sie. Ernten können Sie ab Juli bis zum ersten Frost.

MITTLERER ERTRAG
1 kg pro laufender Meter.

SORTEN
Eine bewährte Sorte ist 'Guernsey'. Es gibt auch Hybridsorten wie 'Gladiator F1' und 'Javelin F1'.

WICHTIGE SCHÄDLINGE UND KRANKHEITEN
Dieselben wie bei der Karotte (s. S. 107).

GUTE NACHBARN
Aussaat zusammen mit Radieschen, Zwiebeln und Roter Bete. Verträgt sich nicht mit Salat.

HALTBAR MACHEN
Ernten Sie vor dem ersten Frost und lagern Sie die Pastinaken im Sand. Die Pflanze ist robust und kann daher auch stehen bleiben, dann aber mit Stroh oder Laub schützen.

GENIESSEN
In Gemüseeintopf und als Beilage wie Karotten verwendbar.

Gesundheits-Plus
Die Pastinake enthält die Vitamine B9, C und E sowie Ballaststoffe.

Rettich

Raphanus sativus (Kreuzblütler)

KULTIVIERUNG

Rettiche, zu denen auch das Radieschen gehört, sind schnell und einfach anzubauen. Sie brauchen lediglich einen leichten, humosen Boden, der im Herbst belüftet und angereichert wird.

Die Aussaat erfolgt von März bis September ins Freiland, je nach Sorte. Säen Sie in Reihen oder breitwürfig aus, schließen Sie die Rillen bzw. rechen Sie den Samen ein und bewässern Sie. Eine sehr frühe Saat decken Sie mit Vlies ab. Nach zwei Monaten, wenn die Früchte ihre endgültige Größe erreicht haben, können Sie ernten. Regelmäßige Wassergaben verhindern, dass die Früchte hohl werden, und machen sie milder im Geschmack.

Säen Sie in regelmäßigen Abständen (alle zwei Wochen) nach, damit Sie immer ernten können. Winterrettiche (Schwarzer Rettich) sollten Sie im August aussäen und vor dem ersten Frost ernten und einlagern.

Bei leichtem Boden können die Rettiche unter einer Stroh- oder Laubschicht auf dem Beet liegen bleiben.

MITTLERER ERTRAG

Sehr verschieden: von 500 g pro laufendem Meter in drei Monaten bis 2 bis 3 kg pro laufendem Meter bei Schwarzem Rettich.

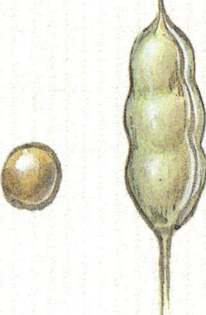

Gesundheits-Plus

Rettiche sind reich an Mineralstoffen und Vitamin A, B und C, außerdem enthalten sie Schwefelverbindungen und Antioxidanzien. Sie wirken vorbeugend gegen Krebs und Herz-Kreislauf-Erkrankungen. Schwarzer Rettich ist oft in Hustensäften und Präparaten gegen Leberbeschwerden enthalten.

SORTEN

Säen Sie sehr frühe Sorten im Frühbeet aus. Für die Aussaat direkt ins Freiland sollten Sie spätere Sorten verwenden. Die Vielfalt ist groß, Sie können also Farben und Geschmack variieren. Es gibt runde und längliche Radieschen, bei den Rettichen werden Sommer-, Herbst- und Winterrettiche unterschieden. F1-Hybridsorten sind homogen und ertragreich.

WICHTIGE SCHÄDLINGE UND KRANKHEITEN

Erdflöhe fressen Löcher in die Blätter.

GUTE NACHBARN

Säen Sie Rettiche und Radieschen zusammen mit Kapuziner- und Gartenkresse sowie Salat aus. Stecken Sie Ginsterzweige zwischen die Pflanzen, um Erdflöhe abzuschrecken.

HALTBAR MACHEN

- Radieschen und frühe Rettiche halten sich im Gemüsefach des Kühlschranks einige Tage.
- Winterrettiche stehen den ganzen Winter über zur Verfügung, wenn sie in Sand gelagert werden.

GENIESSEN

Kleine Radieschen schmecken frisch vom Beet und im Stück am besten. Große Radieschen und Rettiche können Sie reiben oder in Scheiben oder Stifte schneiden.

Rhabarber
Rheum rhabarbarum (Knöterichgewächse)

KULTIVIERUNG

Rhabarber liebt nahrhafte, tiefgründige und feuchte Böden, bringen Sie daher im Herbst des Vorjahres ein nährstoffreiches organisches Düngemittel aus (Mist). Aussäen können Sie im Frühjahr oder Herbst; der Erntebeginn liegt zwei Jahre danach. Sie gewinnen Zeit, wenn Sie mit jungen Pflanzen oder Teilstücken von älteren beginnen. Pflanzen Sie im Oktober oder März im Abstand von 1 m. Wenn Blütenstände erscheinen, brechen Sie sie ab. Die Ernte der Blattstängel erfolgt im Frühjahr. Entnehmen Sie in den ersten beiden Jahren nur einen kleinen Teil der Stängel, um die Pflanze nicht zu schwächen.

SORTEN

Rote Sorten wie 'Vierländer Blut' oder 'Holsteiner Edelblut' sind milder als grüne. 'Valentine' ist relativ trockenheitsbeständig. Grünstielig sind beispielsweise die Sorten 'Goliath' oder 'Gigant'.

ERNTEN UND HALTBAR MACHEN

Ernten Sie die Blattstängel jung. Wenn die Schale zu faserig ist, können Sie den Rhabarber wie Spargel schälen. Schneiden Sie den Rhabarber in Stücke, um ihn einzukochen, einzufrieren oder zu Marmelade und Fruchtmus zu verarbeiten.

GENIESSEN

Rhabarber ist ideal für Torten, Kuchen, Desserts und Marmelade.

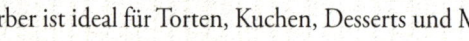

Gesundheits-Plus

Rhabarber ist eine gute Quelle für Antioxidanzien, Ballaststoffe, Kalzium, Mangan sowie Vitamin C und K. Er wirkt sich positiv auf den Cholesterinspiegel und den Blutdruck aus. Die Stängel sollten Sie nicht roh essen, die grünen Blätter auch nicht gekocht, da sie giftig sind.

Rote Bete

Beta vulgaris (Gänsefußgewächse)

KULTIVIERUNG

Die Rote Bete liebt Sandboden, wächst aber in allen nahrhaften, lockeren Böden. Belüften Sie den Boden im Herbst mit der Doppelgrabegabel und arbeiten Sie Kompost oder Mist ein. Grubbern Sie die Fläche im April erneut und säen Sie breitwürfig aus. Dann bedecken Sie die Saat, drücken Sie an und bewässern Sie. Vereinzeln Sie so, dass die Pflanzen versetzt in ca. 10 cm Abstand stehen. Geerntet wird von Juli bis zum ersten Frost.

MITTLERER ERTRAG

2 bis 3 kg pro Quadratmeter.

SORTEN

Unkompliziert und wüchsig sind Sorten wie 'Rote Kugel' oder 'Ägyptische Plattrunde'. Gut lagerfähig sind 'Crapaudine' und 'Tondo di Chioggia'.

WICHTIGE SCHÄDLINGE UND KRANKHEITEN

- Mehltau, der die Blätter abfallen lässt, wird mit Spritzbrühe auf Schwefelbasis behandelt.
- Rübenerdflöhe sind kleine springende Käfer. Sie fressen kleine Löcher in die Blätter.
- Blattläuse führen zum Einrollen der Blattränder. Sie werden mit Nützlingen bekämpft.

GUTE NACHBARN

Mischen Sie Rote Bete in der Reihe mit Pastinaken, Koriander oder Sellerie. Pflanzen Sie am gleichen Standort keine Kulturen an, die zur selben Pflanzenfamilie gehören, z. B. Mangold oder Spinat.

HALTBAR MACHEN

Ziehen Sie die Rüben vor dem ersten Frost heraus und lassen Sie sie einige Stunden am Boden liegen, damit die Erde trocknet. Im Keller können Rote Bete mehrere Monate gelagert werden, entweder in einem Behälter mit Sand, einem alten Waschkessel oder einer Kiste. Der Standort muss frostfrei und vor Nagetieren geschützt sein.

GENIESSEN

- Roh gerieben als nicht alltägliche Vorspeise.
- Gekocht als gesunder Salat.
- Gerieben als Zutat für verschiedene Suppen.

Gesundheits-Plus

Die Rote Bete ist reich an Kohlehydraten, Vitaminen und Mineralstoffen. Sie enthält Antioxidanzien, die vorbeugend gegen Krebs und Herz-Kreislauf-Erkrankungen wirken.

Salat
Lactuca sativa (Korbblütler)

KULTIVIERUNG

Salat, der weniger bitter schmeckt als Endiviensalat, können Sie ganzjährig anbauen. Die Aussaat erfolgt in Anzuchtschalen, im Frühbeet, Folienzelt oder ins Freiland. Da er humusreiche Böden bevorzugt, sollten Sie den Boden belüften und mit organischem Material anreichern. Salat keimt bei niedrigen Temperaturen, Wärme kann die Keimung hemmen. Wählen Sie verschiedene Sorten mit unterschiedlichen Ernteterminen, so haben Sie das ganze Jahr über Nachschub. Frühjahrssorten säen Sie von Februar bis Mitte April unter Glas oder Folie aus, Salate für die Sommersaison von April bis Juli. Wintersalate werden im September ausgesät und verbringen den Winter als junge Pflanzen unter Glas. Eine regelmäßige Bewässerung ist ein Muss, vor allem für die Sommersalate. Fehlt es ihnen an Wasser, schießen sie schnell.

MITTLERER ERTRAG

Bis zu zehn Stück pro Quadratmeter.

SORTEN

Frühjahrssorten: Neben den klassischen Kopfsalatsorten wie 'Appia', 'Maikönig' oder 'Wunder der vier Jahreszeiten' können Sie 'Express' testen, die eine besonders kurze Entwicklungszeit hat. Beim Eissalat und beim Bataviasalat, einer Kreuzung aus Kopf- und Eissalat, können Sie es mit 'Iceking' oder 'Dorée de Printemps' versuchen.

- Sommersorten: beim Kopfsalat 'Nadine', 'Attraktion' oder 'Dolly', beim Bataviasalat 'Great Lakes' oder 'De Pierre-Bénite'.
- Wintersorten: beim Kopfsalat 'Hercules Winterwunder' und vor allem 'Brune d'hiver', die sehr kältebeständig ist (bis -20 °C).
- Schnittsalate wie Eichblattsalat und Lollo rosso bilden immer wieder neue Blätter und können fast das ganze Jahr über genossen werden.

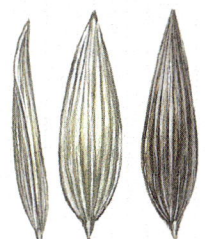

Gesundheits-Plus

Ob Kopf, Batavia-, Romana- oder Eichblattsalat – die Gartensalate versorgen Sie das ganze Jahr mit Vitamin A, B und C, Magnesium, Kalium, Kalzium, Phosphor und anderen Mineralien.

WICHTIGE SCHÄDLINGE UND KRANKHEITEN

Schützen Sie Ihre Salatpflanzen vor Vögeln, Schnecken (mit Eisensulfat) und Blattläusen.

GUTE NACHBARN

Salat verträgt sich mit vielen Gemüsearten. Sie können überzählige Pflanzen überall hinsetzen, wo Platz ist. Lassen Sie einige Pflanzen schießen und blühen, um Nützlinge anzuziehen.

HALTBAR MACHEN

Gewaschene frische Salatblätter halten sich einige Tage.

GENIESSEN

Salat schmeckt vor allem roh, aber auch in Suppen und Schmorgerichten.

Sellerie
Apium graveolens (Doldenblütler)

KULTIVIERUNG

Aussaat im März in Anzuchtschalen, die zu gleichen Teilen mit Erde, Kompost und Sand gefüllt sind. Pikieren Sie die Pflanzen in Torftöpfe, wenn sie zwei oder drei Blätter haben. Ins Freiland dürfen sie im April/Mai: Lockern Sie den Boden mit dem Grubber und setzen Sie die Pflänzchen dann im Abstand von 35 cm. Danach ausreichend wässern und mulchen. Sie können die Blätter einzeln von außen nach innen ernten oder die gesamte Pflanze entnehmen. Wenn Ihre Sämlinge aufgebraucht sind, können Sie Pflanzen in Töpfen nachkaufen.

MITTLERER ERTRAG

Variiert je nachdem, was Sie verbrauchen: Blätter, Stangen, Knollen.

SORTEN

Es gibt Stangensellerie (gebleicht oder ungebleicht), Schnitt- oder Würzsellerie, von dem nur die Blätter verwendet werden, und Knollensellerie. Dieser wird genauso kultiviert wie Stangensellerie.

WICHTIGE SCHÄDLINGE UND KRANKHEITEN

Die Selleriefliege greift die Blätter an. Setzen Sie zur Bekämpfung auf Nützlinge.

GUTE NACHBARN

Kombinieren Sie mit Lauch und Kohl, da Sellerie die Lauchmotte (s. S. 109) und Kohlschädlinge vertreibt.

HALTBAR MACHEN

Nicht verbrauchter Stangensellerie kann stehen bleiben, braucht dann aber eine dicke Mulchschicht als Frostschutz. Das Risiko des Erfrierens ist trotzdem hoch, besser ist es, alle Stangen zu ernten, zu blanchieren und einzufrieren. Knollensellerie lagern Sie in Sand oder Kisten, so wie Karotten (s. S. 53, 150).

GENIESSEN

- Roh als Zutat im Salat: junge Blätter und zarte Stangen.
- Gekocht als Gemüsebeilage, dazu die Stangen in 5 cm lange Stücke schneiden.
- Frische Stangen für Cremesuppen, Omelettes und Quiches.
- Als Würzmittel: Dafür gesunde Blätter im Schatten trocknen und in einem Glas lagern. Vor Gebrauch zu Pulver zerstoßen.

Gesundheits-Plus

Sellerie ist reich an Vitaminen und Mineralstoffen. Er wirkt entwässernd und gilt als Potenzmittel.

Speisekürbis
Cucurbita maxima (Kürbisgewächse)

KULTIVIERUNG

Die Kürbispflanze bildet lange Triebe, die kriechend oder rankend wachsen. Kürbis bevorzugt tiefgründigen, stickstoffreichen Boden, der bei Anlage der Kultur gut erwärmt sein muss. Im Mai oder Juni ist der Anbau problemlos möglich.

Sie können an Ort und Stelle mehrere Körner pro Saatloch aussäen und später nur die jeweils kräftigste Pflanze stehen lassen. Der Abstand beträgt 1 m. Oder Sie ziehen die Pflanzen in Töpfen vor. Während der Wachstumsperiode sollten Sie den Boden mit Kompost anreichern und nach Bedarf mulchen und gießen. Sie können Kürbisse auch direkt auf dem Komposthaufen anbauen.

Kappen Sie den Haupttrieb nach dem zweiten Blatt und danach die Seitentriebe zwei Blätter nach dem Fruchtansatz. Je mehr Früchte Sie an der Pflanze belassen, desto kleiner werden sie. Legen Sie die an der Pflanze verbleibenden Früchte auf Stroh oder Bretter.

Ernten Sie vor dem ersten Frost und lagern Sie die Kürbisse kühl und trocken

MITTLERER ERTRAG

Je nach Sorte und Größe können Sie mit 2 bis 6 Früchten pro Pflanze rechnen. Ein Riesenkürbis wiegt zwischen 10 und 50 kg, ein Hokaidokürbis 2 bis 4 kg.

Gesundheits-Plus

Kürbisse enthalten Mineralstoffe (Kalium), Spurenelemente, Vitamine (v. a. Vitamin A) und Ballaststoffe. Sie spielen eine Rolle bei der Krebsvorbeugung. Die Kerne gelten als pflanzliches Heilmittel (z. B. bei Prostatavergrößerung).

SORTEN

Es gibt Dutzende Unterarten und Sorten in den verschiedensten Formen. Große orangefarbene Früchte liefern 'Roter Zentner' und 'Big Moon'. Immer größerer Beliebtheit erfreuen sich der Hokkaidokürbis, der mittelgroß ist und ein schönes Maronenaroma hat, und der dekorative Turbankürbis, der auch als Bischofsmütze bezeichnet wird.

WICHTIGE SCHÄDLINGE UND KRANKHEITEN

Am auffälligsten ist Echter Mehltau (s. S. 105).

GUTE NACHBARN

Die großen Blätter der Kürbispflanzen hemmen das Unkrautwachstum, was sich auch günstig auf benachbarte Kulturen auswirkt. Traditionell wird Kürbis mit Bohnen und Mais angebaut.

HALTBAR MACHEN

Reif geerntete Speisekürbisse halten sich im Keller den ganzen Winter über. Angeschnitten werden sie schnell schlecht, was bei sehr großen Früchten ungünstig ist. Sie können aber geschält und in große Stücke geschnitten eingefroren werden.

GENIESSEN

Speisekürbisse eignen sich für herzhafte Speisen (Suppen und Eintöpfe, Aufläufe, Püree u. a.), die süßeren Sorten aber auch für Desserts, Kuchen und Konfitüre.

Tomate

Lycopersicum esculentum (Nachtschattengewächse)

KULTIVIERUNG

Tomaten lieben leichten, humosen Boden, der im Herbst belüftet und mit Mist oder Kompost angereichert wird. Bringen Sie vor dem Pflanzen einen Tomatendünger aus, der reich an Phosphor und Kalium ist (Bio-Tomatendünger, Holzasche oder Beinwelljauche). Säen Sie im Februar in Töpfe oder Anzuchtschalen und wählen Sie dann die schönsten Pflanzen aus.
Sobald die Pflanzen vier Blätter haben, dürfen sie ins Freiland umsiedeln. Pflanzen Sie in Reihen mit 40 cm Abstand und tief, sodass der Stängel oberhalb des Wurzelhalses bedeckt ist. Befestigen Sie die Pflanzen sofort an Stäben oder Spiralen, bewässern und mulchen Sie. In der folgenden Zeit gießen Sie moderat und nur direkt an die Pflanze.
Entfernen Sie bei Stabtomaten alle Geiztriebe, das sind Triebe, die sich aus der Blattachsel am Haupttrieb bilden. Busch- und Balkontomaten brauchen Sie nicht auszugeizen. Balkontomaten können Sie entspitzen, wenn sie die gewünschte Größe erreicht haben.

MITTLERER ERTRAG

2 bis 4 kg pro Pflanze.

Sorten

In den Katalogen sind derzeit mehr als 200 Sorten verzeichnet. Pflanzen Sie einige alte und einige neue Sorten, so können Sie verschiedene Aromen genießen, die Erntezeit verlängern und Krankheiten vorbeugen.

Neuere Hybridsorten sind in der Regel widerstandsfähiger gegen Krankheiten und Schädlinge (Schimmel- und Welkepilze, Tabakmosaikvirus, Nematoden und manchmal auch Mehltau) und ertragreicher. Ihre Früchte sind meist regelmäßiger.

Wichtige Schädlinge und Krankheiten

- Kraut- und Braunfäule: Sie verursacht Flecken auf Blättern, Stängeln und Früchten (zur Behandlung s. S. 106).
- Blattfleckenkrankheit: Sie verursacht auf den Blättern kleine Flecken mit konzentrischen Ringen. Junge Pflanzen sterben ab (zur Behandlung s. S. 106).
- Blütenendfäule: Aufgrund von Kalziummangel bildet sich an der Frucht eine eingesunkene Stelle, die sich schwarz färbt (zur Behandlung s. S. 106).
- Schädlinge: u. a. Nematoden, Weiße Fliege, Blattläuse.

Gute Nachbarn

- Studentenblumen schützen Tomaten vor Schädlingen wie Nematoden (Fadenwürmer).
- Tomaten vertragen sich nicht mit Kartoffeln und Sonnenblumen.

Haltbar machen

Frisch halten sich Tomaten einige Tage (nicht im Kühlschrank, wo sie ihr Aroma verlieren). Sie können sie ganz oder verarbeitet (gefüllt, als Ketchup, in Ratatouille) einfrieren, ungewürzt einkochen, zu Saucen verarbeiten und in der Backröhre oder im Dörrautomat trocknen.

Geniessen

Tomaten schmecken roh oder gegart in Salaten, Suppen, Saucen, auf der Pizza … Dieses Gemüse bietet unzählige Möglichkeiten! Grüne Tomaten verarbeiten Sie zu Konfitüre.

Gesundheits-Plus

Tomaten sind reich an Mineralstoffen, Spurenelementen, Vitaminen, Ballaststoffen und Antioxidanzien. Der rote Farbstoff Lycopin wirkt vorbeugend gegen Krebs, zu hohen Cholesterinspiegel und Herz-Kreislauf-Erkrankungen. Je reifer Sie die Früchte ernten, desto höher ist ihr Vitamingehalt.

Zucchini

Cucurbita pepo (Kürbisgewächse)

KULTIVIERUNG

Zucchini stammen aus den Tropen und mögen keine Kälte. Gepflanzt wird in nahrhaftem und stick-stoffreichem Boden, der schon ein wenig erwärmt ist – im Mai oder Juni ist das problemlos möglich. Wenn Sie Lücken im Beet, die ein Frühgemüse hinterlassen hat, schließen wollen, ziehen Sie Zucchini in Töpfen vor. Aber auch die Direktaussaat ins Freiland ist möglich. Legen Sie mehrere Samenkörner in ein Saatloch und lassen Sie später nur die kräftigste Pflanze stehen. Mulch, Kompost- und Wassergaben nicht vergessen. Ernten Sie regelmäßig und lassen Sie keine alten Früchte an den Pflanzen.

MITTLERER ERTRAG

Etwa zehn Zucchini pro Pflanze.

SORTEN

Es gibt Sorten, die sich sehr stark ausbreiten, und solche, bei denen die Früchte nahe am Wurzelhals erschei-nen. Die Sorten unterscheiden sich je nach Fruchtform, Wüchsigkeit und Farbe. Die Form ist meist zylindrisch, es gibt aber auch runde ('Ronde de Nice') oder abgeflachte (Patisson). Besonders wuchsfreudig sind die F1-Hybriden. Es gibt hell- und dunkelgrüne sowie gelbe Zucchini.

WICHTIGE SCHÄDLINGE UND KRANKHEITEN

Die auffälligste Zucchinikrankheit ist der Echte Mehltau (s. S. 105).

GUTE NACHBARN

Die großen Blätter der Zucchinipflanze hemmen nicht nur das Wachstum von Unkraut, sondern beeinträchtigen auch benachbartes Gemüse. Gute Nachbarn sind Basilikum und Kapuzinerkresse.

HALTBAR MACHEN

Frische Zucchini halten sich einige Tage. Sie können auch roh eingefroren werden. Oder Sie verarbeiten die Zucchini zu Ratatouille, das Sie problemlos einfrieren oder einkochen können.

GENIESSEN

- Zucchiniblüten schmecken roh, gekocht oder gefüllt.
- Junge, zarte Zucchini können Sie leicht gesalzen auch roh im Salat genießen.
- Größere Zucchini sind ideal für Aufläufe, Suppen oder Ratatouille, sie können aber auch gegrillt oder gefüllt werden.
- Lassen Sie Zucchini nicht zu groß werden. Wenn Sie längere Zeit wegfahren, sollten Sie vorher alle jungen Früchte ernten.

Gesundheits-Plus

Die Zucchini enthalten Mineralstoffe (Kalium, Kalzium, Eisen, Phosphor), Vitamine und Ballaststoffe. Sie sind kalorienarm und leicht bekömmlich.

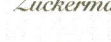

Zuckermais

Zea mays (Süßgräser)

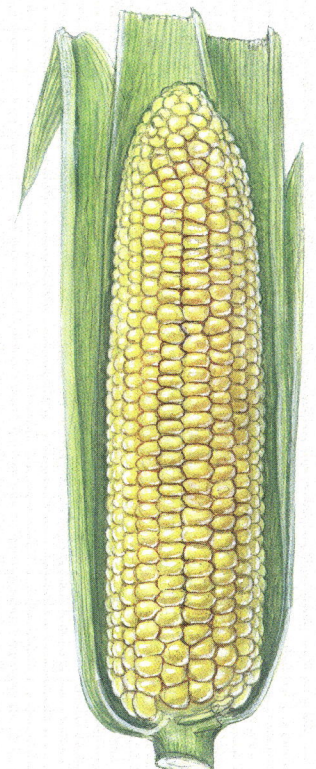

KULTIVIERUNG

Mais braucht reichen, tiefgründigen Boden und stetige Bewässerung. Arbeiten Sie im Herbst Kompost ein (eine Schubkarre auf 10 m²). Säen Sie in Saatlöcher aus, die in Reihen im Abstand von 40 bis 50 cm angeordnet sind. Vereinzeln Sie später auf eine Pflanze pro Loch. Anhäufeln und bewässern. Ernten Sie die Kolben jung, wenn noch ein milchiger Saft austritt.

MITTLERER ERTRAG

800 g bis 1 kg pro Pflanze.

SORTEN

Bauen Sie immer nur eine Sorte an, um eine Einkreuzung zu verhindern. Es gibt besonders süße Sorten wie 'Early Extra Sweet', Mini-Sorten wie 'Picolino' und Popcorn-Sorten.

WICHTIGE SCHÄDLINGE UND KRANKHEITEN

Schützen Sie den Mais vor Nagetieren.

GUTE NACHBARN

Zur gleichen Zeit aussäen wie Kletterbohnen.

HALTBAR MACHEN

Süße Kolben können Sie einkochen oder einfrieren, Minikolben werden sauer eingelegt. Für Popcorn reife Kolben mit der Spitze nach unten trocknen lassen und entkernen.

GENIESSEN

Dampfgegart, gegrillt, als Salatzutat oder Gemüsebeilage.

Gesundheits-Plus

Zuckermais enthält Vitamine, mineralische Antioxidanzien und Ballaststoffe. Er verfügt über viele gute Eigenschaften, unter anderem wirkt er vorbeugend gegen Herz-Kreislauf-Erkrankungen und Krebs.

Zuckermelone
Cucumis melo (Kürbisgewächse)

KULTIVIERUNG

Die Melone braucht tiefgründigen, humosen Boden. Säen Sie im April in Töpfe oder Schalen, und pflanzen Sie im Mai aus. Meist ist ein Schnitt nötig, nur einige neue Sorten wie 'Santon' gedeihen ohne. Zuerst werden die männlichen Blüten gebildet. Die weiblichen Blüten mit dem Fruchtknoten erscheinen an der dritten Verzweigung. Beschleunigen Sie diesen Prozess, indem Sie den Haupttrieb nach dem zweiten Blattpaar kappen, die Seitentriebe nach vier Blättern. Belassen Sie vier oder fünf Früchte an jeder Pflanze und kappen Sie alle Triebe, die sich danach bilden. Mulchen Sie, um Bodenkontakt zu vermeiden.

MITTLERER ERTRAG

Vier bis sechs Früchte à 800 g pro Pflanze.

SORTEN

Wählen Sie vorrangig neue Cantaloup-Hybridsorten, deren Früchte besonders süß und gleichmäßig sind. Diese Sorten sind auch widerstandsfähiger gegen Krankheiten (Mehltau, Viren) und beanspruchen nicht so viel Platz. Beispiele sind 'Cyrano F1', 'Jérac F1' oder 'Aliénor F1'.

WICHTIGE SCHÄDLINGE UND KRANKHEITEN

Mehltau verursacht auf den ausgewachsenen Blättern einen weißlichen Belag. Bewässern Sie so, dass das Wasser nicht direkt auf die Blätter gelangt.

GUTE NACHBARN

Zu Kulturbeginn mit Salat anpflanzen, auch Basilikum passt dazu.

HALTBAR MACHEN

Melonen verbrauchen Sie am besten frisch, kühl gelagert halten sie sich einige Tage.

GENIESSEN

Als Vorspeise, in Obstsalaten, Sorbets und Konfitüren.

Gesundheits-Plus

Zuckermelonen enthalten die Vitamine A, B6 und C sowie Antioxidanzien.

Erdbeere

Fragaria sp. (Rosengewächse)

KULTIVIERUNG

Am günstigsten sind leichte Böden. Bereiten Sie die Fläche vor, indem Sie den Boden einen Monat vor dem Pflanzen belüften und mit Kompost oder Mist anreichern. Pflanzen Sie zwischen Mitte August und Mitte Oktober, damit die Pflanzen vor dem Winter anwachsen, oder im Frühjahr. Mulchen Sie mit Stroh, das hemmt das Unkrautwachstum und hält die Erdbeeren sauber. Bewässern Sie bei Bedarf.

Nach der Ernte sollten Sie abgestorbene Pflanzenteile entfernen und Kompost oder Mist ausbringen, dazu 50 g Langzeitdünger pro Quadratmeter. Erneuern Sie die Mulchschicht. Erdbeerpflanzen werden für ca. fünf Jahre gesetzt, danach müssen sie ersetzt werden.

MITTLERER ERTRAG

2 bis 4 kg pro Pflanze.

SORTEN

- Monatserdbeeren wie 'Rügen' tragen von Juni bis Oktober kleine aromatische Früchte.
- Mehrmals reifende Sorten mit großen Früchten tragen im Juni und dann noch einmal im Herbst bis zum ersten Frost.
- Einmal reifende Sorten mit großen Früchten tragen im Zeitraum Juni/Juli.
- Beliebte Sorten für den Hausgarten sind 'Evita', 'Gariguette', 'Elvira' oder 'Elsanta'.

WICHTIGE SCHÄDLINGE UND KRANKHEITEN

- Viren lauern überall; die regelmäßige Erneuerung der Pflanzen beugt Krankheiten vor.
- Die Botrytis-Fruchtfäule zerstört die Früchte.
- Würmer bohren Gänge in die Früchte.

Gesundheits-Plus

Erdbeeren enthalten Mineralstoffe (Mangan), Vitamin C sowie Substanzen, denen eine vorbeugende Wirkung gegen Krebs und ein Anti-Aging-Effekt zugeschrieben werden.

GUTE NACHBARN

Erdbeeren vertragen sich gut mit Liliengewächsen (Lauch, Knoblauch, Schnittlauch), Borretsch, Ringelblumen und Salat. Ungünstig ist Kohl.

HALTBAR MACHEN

In Form von Konfitüren, Fruchtsaucen, Eis …

GENIESSEN

Lassen Sie sich Erdbeeren naturell, gezuckert, mit Schlagsahne, in Salaten und als Kuchenbelag schmecken. Lecker auch verarbeitet zu Sorbet oder Marmelade.

Himbeere

Rubus idaeus (Rosengewächse)

KULTIVIERUNG

Himbeersträucher wachsen überall, vorausgesetzt, sie haben genug Platz. Am liebsten haben sie jedoch nahrhafte, fruchtbare Böden.

Entfernen Sie im Herbst sorgfältig das Unkraut und arbeiten Sie Kompost oder Mist ein. Gepflanzt wird im Herbst oder Frühjahr. Lassen Sie 1 m Abstand zwischen den jungen Sträuchern. Um die Haupttriebe anzubinden, schlagen Sie zwei Pfosten ein und ziehen Drähte in 40, 80 und 120 cm Höhe.

Blüten und Früchte erscheinen je nach Sorte am Rutenende oder an der gesamten Rute. Schneiden Sie nach der Ernte diejenigen Ruten ab, die Früchte getragen haben. Im Herbst bringen Sie Kompost aus und mulchen, um den Boden sauber zu halten. Entfernen Sie im Frühjahr die schwächsten Neutriebe und abgestorbenen Ruten. Behalten Sie nur die stärksten Ruten, die am Drahtspalier befestigt werden. So halten sich die Pflanzen zehn bis zwölf Jahre.

MITTLERER ERTRAG

Die Größe der Früchte und der Ertrag variieren je nach Sorte und Alter der Pflanze. Ein Mittlerer Ertrag von 1 kg pro laufendem Meter ist problemlos zu erreichen. Pflücken Sie oft, um die Bildung neuer Früchte zu fördern.

SORTEN

Sie unterscheiden sich durch die Fruchtgröße, den Erntezeitpunkt und die Farbe.

- 'Heritage' ist eine Sorte mit kleinen bis mittelgroßen Früchten.
- 'Fallgold' trägt schöne große Früchte in Gelb.
- Two-Timer-Himbeeren wie 'Sugana' tragen zweimal im Jahr.

WICHTIGE SCHÄDLINGE UND KRANKHEITEN

- Der Himbeerkäfer (*Byturus tomentosus*) zerstört zuerst die Blüten und dann die Früchte.
- Der Beerenstecher (*Anthonomus rubi*) beißt zur Eiablage ein Loch in die Knospe und nagt den Knospenstiel an, sodass die Knospe abfällt.
- Blattläuse (*Aphis idaei, Amphorophora rubi*) lassen im Frühjahr die Blätter verkrüppeln und ausbleichen.

GUTE NACHBARN

Himbeersträucher wuchern, doch ihre Blüten ziehen Bienen und Hum-meln an. Säen Sie in der Nähe für Nützlinge attraktive Blumen aus, das hilft bei der Schädlingsbekämpfung.

HALTBAR MACHEN

Frische Himbeeren halten sich gekühlt einige Tage. Haltbar gemacht wer-den sie in Form von Konfitüren, Gelees oder Sorbets. Die rohen Früchte, aber auch Fruchtmus oder -saucen können Sie einfrieren.

GENIESSEN

Roh sind Himbeeren naturell, gezuckert, mit Schlagsahne oder in Obstsalat ideal. Auch für Gebäck und Desserts bestens geeignet.

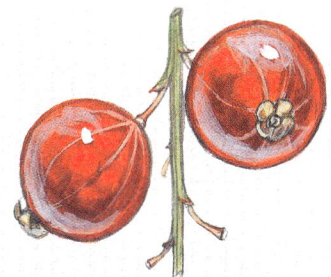

Johannisbeere
Ribes rubrum und R. nigrum (Steinbrechgewächse)

KULTIVIERUNG

Rote und Schwarze Johannisbeeren sind nah verwandt mit der Stachelbeere. Die jungen Sträucher werden 10 cm tief und im Abstand von 1 m gesetzt. Im zweiten oder dritten Jahr tragen sie erstmals Früchte. Bewässern Sie die Sträucher zumindest in den ersten beiden Jahren. Mulchen Sie nach dem Pflanzen und bringen Sie jeweils im Herbst Kompost um die Pflanzen aus.

Beim Erziehungsschnitt werden die Triebe im ersten Jahr auf zwei Augen zurückgeschnitten, im dritten Jahr auf drei Augen (d. h., sie werden nach dem dritten Blatt eingekürzt).

Schneiden Sie jedes Jahr zwei Hauptäste in der Mitte unmittelbar am Boden ab und kürzen Sie die Seitentriebe etwas ein. Nach zehn bis zwölf Jahren sollten Sie die Pflanzen umsetzen.

MITTLERER ERTRAG
Je nach Sorte und Alter der Pflanze sehr verschieden.

SORTEN
- Neuere Sorten sind viel ertragreicher als alte, bei den Roten Johannisbeeren z. B. 'Red Lake' und 'Rovada'.
- Bei den Schwarzen Johannisbeeren tragen Sorten wie 'Titania', 'Rosenthals Langtraubige' und 'Tenah' besonders große Früchte. Der Klassiker für Cassislikör ist 'Noir de Bourgogne'.

Gesundheits-Plus

Rote Johannisbeeren sind reich an organischen Säuren, denen sie ihren säuerlichen Geschmack verdanken. Sie enthalten viel Vitamin B und C sowie Ballaststoffe.

Schwarze Johannisbeeren sind reich an Anthocyanen, Vitamin A und C. Sie wirken gegen Erschöpfung.

WICHTIGE SCHÄDLINGE UND KRANKHEITEN
Echter Mehltau (neuere Sorten sind resistent).

GUTE NACHBARN
Schnittlauch, Wermut und Rainfarn helfen, Johannisbeersträucher vor Krankheiten und Schädlingen zu
schützen.

HALTBAR MACHEN
Frisch geerntete Johannisbeeren halten sich einige Tage.
Sie können eingefroren und zu Konfitüren oder Sorbets
verarbeitet werden.

GENIESSEN
Rohe Johannisbeeren sind lecker in Obstsalaten, auf Torten und in
anderem Gebäck sowie in Sorbets.

Schwarze Johannisbeere

Rote Johannisbeere

Basilikum

Ocimum basilicum (Lippenblütler)

KULTIVIERUNG

Diese aromatische Pflanze ist unverzichtbar für die Sommer-
gerichte der Mittelmeerküche. Basilikum wird jedes Jahr neu gesät
oder gepflanzt. Säen Sie im März oder April in einer Anzuchtschale
aus und vereinzeln Sie in Töpfe. Ins Freiland dürfen die Pflanzen,
wenn keine Temperaturen unter 12 °C mehr zu erwarten sind.
Basilikum stellt das Wachstum ein, wenn es ihm zu kühl wird.
Er sollte also einen sonnigen und geschützten Standort erhalten. Ziehen Sie einige Pflanzen in Töpfen auf der Terrasse
oder der Fensterbank – sie wirkt als Mückenschreck.

SORTEN

Es gibt viele großblättrige Sorten (diese werden am häufigsten
angebaut), aber auch solche mit kleinen Blättern (feines Basilikum), mit Zitronenduft
oder roten Blättern.

ERNTEN UND HALTBAR MACHEN

Die Blätter werden im Sommer geerntet, getrocknet und trocken in Gläsern aufbewahrt.

GENIESSEN

In heißen oder kalten Suppen, Salaten, zur Aromatisierung von Rohkost, Ratatouille oder in Öl oder
Essig eingelegtem Gemüse. Für Pesto mischen Sie Basilikum mit Knoblauch und Olivenöl.

Gesundheits-Plus

Basilikum ist reich an Antioxidanzien und daher wirksam zur
Vorbeugung von Herz-Kreislauf-Erkrankungen und Krebs.
Es enthält auch viel Vitamin K
und Mineralstoffe (Eisen).

Dill

Anethum graveolens (Doldenblütler)

KULTIVIERUNG

Die einjährige Pflanze, die 70 bis 80 cm hoch wird und von den Blättern her dem Fenchel ähnelt, wird jedes Jahr neu ausgesät. Dill liebt nahrhaften Boden mit guter Drainage. Er wächst nicht, wenn es zu warm, zu kalt oder zu nass ist. An einem Standort mit geeignetem Boden sät er sich oft von selbst aus. Säen Sie im Frühjahr direkt ins Freiland und vereinzeln Sie die Pflanzen auf 30 cm Abstand.

SORTEN

Wählen Sie eine Standardsorte wie 'Vierling' oder etwas Spezielleres wie die sehr wüchsige 'Tetra' oder farnblättrige Sorten.

ERNTEN UND HALTBAR MACHEN

Verwenden Sie die frischen Blätter von jungen Pflanzen. Für die Ernte der Samen müssen die Blütenstände ausreifen. Trocknen Sie dann die Samen im Schatten auf Papier und lesen Sie sie aus.

GENIESSEN

Frische Dillspitzen aromatisieren Salate und Fischgerichte. Getrocknete Blätter und Samen verwenden Sie für Tees und Liköre sowie zum Einlegen von Gurken oder anderem Gemüse in Essig oder Öl.

Gesundheits-Plus

Dill ist eine Heil- und Gewürzpflanze, die reich an ätherischen Ölen ist. Sie ist gut für den Kreislauf, regt den Appetit und die Milchbildung an und wirkt blutdrucksenkend.

Estragon

Artemisia dracunculus (Korbblütler)

KULTIVIERUNG

Estragon ist eine mehrjährige Pflanze, die Sie alle drei bis
fünf Jahre ersetzen sollten. Pflanzen Sie im Frühjahr in
gut durchlässigen Boden. Schwerem Boden setzen Sie
Sand zu. Bringen Sie eine Mulchschicht auf. Kürzen Sie
die Triebe etwas ein, damit sie sich verzweigen. Wenn Sie
neue Pflanzen brauchen, können Sie im Sommer Stecklinge
nehmen und in Sand setzen. Decken Sie im Winter den Wurzelstock mit Stroh oder trockenem Laub ab, denn Estragon verträgt
keine Temperaturen unter –5 °C.

SORTEN

Es werden vor allem zwei Sorten angeboten: Französischer und Russi-
scher Estragon. Der Französische ist aromatischer, aber weniger
winterfest.

ERNTEN UND HALTBAR MACHEN

Die Blätter trocknen und in einem dicht schließenden Gefäß aufbewahren.

GENIESSEN

Estragon wird frisch oder getrocknet verwendet. Er aromatisiert Salate,
Käse, Fisch, Saucen, Suppen, herzhafte Kuchen und Omelettes. Ein
Estragonzweig sollte auch bei eingelegten Gurken, getrockneten
Tomaten in Olivenöl oder Kräuteressig nicht fehlen.

Gesundheits-Plus

Estragon ist reich an Antioxidanzien
und enthält Vitamin K. Er wirkt
vorbeugend gegen Herz-Kreislauf-
Erkrankungen und wird zur Behandlung von Allergien und Angstzu-
ständen eingesetzt.

Koriander
Coriandrum sativum (Doldenblütler)

KULTIVIERUNG

Koriander ist ein einjähriges Kraut, dessen Blätter und Samen zum Würzen dienen. Säen Sie ab April an Ort und Stelle in leichten Boden. Vereinzeln Sie auf einen Abstand von 25 cm, wenn die Pflanzen zwei bis vier Blätter haben. Koriander mag keinen Boden mit zu viel Stickstoff, verwenden Sie deshalb keinen Mist. Sie können aber im Herbst zuvor gut verrotteten Kompost ausbringen. Säen Sie mehrfach aus, um bis zum Herbst Pflanzen in allen Wachstumsstadien zu haben. Wärme führt dazu, dass die Pflanzen schnell schießen.

SORTEN

Es gibt traditionelle Sorten und solche mit leichtem Zitronenaroma wie 'Lemon'. 'Delfino' trägt dillartige Blätter.

ERNTEN UND HALTBAR MACHEN

Die Blätter können Sie getrocknet und in einem fest schließenden Gefäß aufbewahren. Die Körner ebenfalls trocknen und ganz oder gemahlen aufbewahren.

GENIESSEN

Ob frisch oder gemahlen, Koriander verfeinert viele Gerichte der chinesischen, thailändischen, mexikanischen oder russischen Küche. Geben Sie frische Blätter ganz zuletzt dazu, Kochen zerstört ihr Aroma.

Gesundheits-Plus

Koriander ist reich an Antioxidanzien und steht im Ruf, Herz-Kreislauf-Erkrankungen, Krebs, bakteriellen Infektionen und Diabetes vorzubeugen. Er enthält außerdem die Vitamine A und K sowie Mineralstoffe.

Minze
Mentha sp. (Lippenblütler)

KULTIVIERUNG

Minze wächst in jedem Boden, bevorzugt aber leicht feuchte und wenig besonnte Standorte. Die mehrjährige Pflanze kann wuchern, deshalb sollte sie lieber in einem großen Topf stehen, den Sie teilweise in den Boden einlassen können. Pflanzen Sie im Frühjahr junge oder Teile von älteren Pflanzen in gut belüfteten und unkrautfreien Boden. Lassen Sie die Pflanze gut anwachsen. Jäten Sie regelmäßig und schützen Sie die Pflanzen bei starkem Frost mit Stroh.

SORTEN

Es gibt Dutzende Arten und Sorten, darunter Grüne Minze oder Spearmint (*Mentha spicata*), Pfefferminze (*M. piperata*) und Orangenminze (*M. piperata* ssp. *citrata*) mit Orangen- und Bergamotte-Aroma.

ERNTEN UND HALTBAR MACHEN

Frische Blätter je nach Bedarf ernten. Den Wintervorrat im Spätsommer im Schatten an der Luft trocknen und in Gläsern aufbewahren.

GENIESSEN

Minze ist ein Würzkraut, das Salate (z. B. mit Joghurt und Gurke), Taboulé, Gemüse und Obstsalate aromatisiert. Wegen ihres Geschmacks und ihrer Heilwirkung wird sie oft auch für Kräutertees verwendet.

Gesundheits-Plus

Die erfrischende Minze enthält Antioxidanzien, aber auch Vitamin K. Bei Eisenmangel und Sodbrennen sowie zu Beginn der Schwangerschaft wird vom Verzehr abgeraten.

Petersilie

Petroselinum sativum (Doldenblütler)

KULTIVIERUNG

Um frische, kräftige Petersilie im Garten zu haben, sollten Sie jedes Jahr im Früh- oder Spätsommer aussäen. Das Kraut liebt gut belüftete Böden und verträgt keinen frischen Mist. Ziehen Sie eine Rille und bewässern Sie diese vor der Aussaat gründlich. Bedecken Sie die Saat mit trockener Erde und breiten Sie Zeitungspapier darüber, das Sie feucht halten. Innerhalb von zwei Wochen geht die Saat auf. Entfernen Sie das Papier und schützen Sie die Petersilie mit Farnblättern vor Sonne. Vereinzeln Sie bei Bedarf.

SORTEN

Krause Sorten sind weniger aromatisch als Glatte Petersilie. Die neuen, verbesserten Sorten sorgen für höhere Erträge.

ERNTEN UND HALTBAR MACHEN

Ernten Sie nach Bedarf. Schützen Sie die Kultur im Winter mit einem Frühbeetkasten oder mit Hauben oder setzen Sie einige Pflanzen in Töpfe für die Küche um. Petersilie eignet sich auch zum Trocknen und Einfrieren.

GENIESSEN

Petersilie würzt Suppen, Salate, Schmorgerichte und Füllungen, eignet sich als Garnitur sowie für klassische Kräutermischungen wie Persillade oder das Bouquet Garni. Auch in Süßem wie Gelee ist es einen Versuch wert.

Gesundheits-Plus

Petersilie enthält die Vitamine C und K, Eisen, Kalzium und Betacarotin.

Sauerampfer

Rumex acetosa (Knöterichgewächse)

KULTIVIERUNG

Sauerampfer kann in allen frischen, nährstoffreichen Böden angebaut werden. Er wird aus Samen gezogen, der Römische Ampfer auch aus Jungpflanzen oder durch Teilen größerer Pflanzen. Bei den ausgesäten Sorten können Sie nach drei Monaten ernten, bei den anderen vom Spätherbst bis in das Frühjahr. Im Winter muss der Wurzelstock bei starkem Frost unter einer Strohschicht oder einer Haube geschützt sein. Gießen Sie im Sommer reichlich, sonst schießt er in die Höhe. Erneuern Sie die Pflanzen alle vier bis fünf Jahre.

SORTEN

Gartenampfer (*Rumex patientia*) ist weniger sauer und eignet sich für Gemüsegerichte (wie Spinat zubereiten). Der Römische Ampfer (*R. scutosus*) schmeckt gut in Kräuter- und Gemüsesuppen.

ERNTEN UND HALTBAR MACHEN

Die Blätter werden vom Frühjahr bis zum Herbst geerntet, pflücken Sie aber nie alle Blätter einer Pflanze ab. Erst gegen Ende der Saison abernten und einfrieren.

GENIESSEN

Sauerampfer eignet sich für Aufläufe, Omelettes, herzhafte Kuchen, Saucen und Suppen sowie als Beilage zu Fisch.

Gesundheits-Plus

Sauerampfer ist reich an Vitamin A und C, Mineralstoffen (Eisen, Magnesium, Zink, Kupfer) und Antioxidanzien. Die reichlich enthaltene Oxalsäure fördert die Verdauung. Wer unter Gicht oder Rheuma leidet, sollte nur begrenzte Mengen verzehren.

Schnittlauch und Frühlingszwiebel

Allium fistulosum, A. schoenoprasum, A. senescens ssp. montanum (Zwiebelgewächse)

KULTIVIERUNG

Frühlingszwiebeln (Lauchzwiebeln) und Schnittlauch sind Verwandte mit unterschiedlich großen Zwiebeln. Die meisten Arten verlieren im Winter ihr Laub, treiben aber im Frühjahr neu aus, wenn sie in durchlässigem Boden stehen. Am Standort dieser Kulturen sollte länger kein Mist ausgebracht worden sein. Säen Sie von März bis Mai ins Freiland. Sie können auch gekaufte Pflanzen oder Teilstücke größerer Horste auspflanzen. Eine regelmäßige Ernte verzögert die Blüte und begünstigt den Neuaustrieb.

SORTEN

Die Sorten unterscheiden sich in Größe und Farbe der Zwiebeln. Schnittlauch gibt es mit feinen und größeren Röhren. Weiße Frühlingszwiebelsorten sind z. B. 'Tonda Musona' und 'Negaro', rot sind die Sorten 'Arctic' und 'Rote von Florenz'.

ERNTEN UND HALTBAR MACHEN

Für den Winter können Sie Schnittlauch und Frühlingszwiebeln trocknen und in Gläsern aufbewahren oder frisch in kleinen Beuteln einfrieren. Wenn Sie je einen Horst in Töpfe setzen, haben Sie einen Wintervorrat auf der Fensterbank.

GENIESSEN

Schnittlauch und die grünen Triebe der Frühlingszwiebeln aromatisieren Quark, Salate, Gemüsekuchen und Pizza. Die Zwiebeln der größeren Sorten werden wie Küchenzwiebeln für Omelettes, herzhafte Kuchen, Suppen etc. verwendet.

Gesundheits-Plus

Frühlingszwiebeln und Schnittlauch sind reich an Antioxidanzien und damit wirksam zur Vorbeugung von Herz-Kreislauf-Erkrankungen und Krebs. Sie enthalten viel Vitamin A, C und K sowie Mineralstoffe.

Thymian
Thymus vulgaris (Lippenblütler)

KULTIVIERUNG

Thymian liebt leichte Kalkböden und sonnige Standorte. In reichhaltigen, feuchten Böden wächst er schlecht. Vermischen Sie zu schweren Boden mit einigen Handvoll Sand oder Kies, um ihn durchlässiger zu machen. Sie können ihn aussäen oder junge Pflanzen, Teile von älteren Pflanzen oder bewurzelte Stecklinge pflanzen. Häufeln Sie ältere Pflanzen an, damit sie sich verzweigen. Nicht winterharte Sorten schützen Sie mit einer dicken Strohschicht vor Frost. Thymian ist mehrjährig, wird aber nach zwei oder drei Jahren unansehnlich und verliert an Aroma. Für Ersatz können Sie sorgen, indem Sie im Sommer Stecklinge schneiden.

SORTEN

Es gibt Dutzende Sorten, am besten wählen Sie eine klassische und einen Zitronenthymian.

ERNTEN UND HALTBAR MACHEN

Ernten Sie frische Zweigspitzen nach Bedarf. Schneiden Sie im Sommer ganze Zweige ab, um sie im Schatten zu trocknen und trocken und vor Licht geschützt aufzubewahren.

GENIESSEN

Thymian ist unverzichtbar für viele kulinarische Genüsse, ob geschmortes oder gegrilltes Fleisch, Fisch, Suppen oder Gemüsegerichte. Er gehört in die Kräuter der Provence und ins klassische Kräutersträußchen.

Gesundheits-Plus

Thymian ist eine Heilpflanze mit antibakterieller Wirkung. Er wird gegen Atemwegserkrankungen eingesetzt (als Tee oder Inhalationsmittel).

Saatgut, Pflanzen und Sorten auswählen

Wie reichhaltig und aromatisch Ihre Ernte ist, hängt entscheidend von der Auswahl von Saatgut und Pflanzen ab. Wählen Sie Qualitätssaatgut, damit reduzieren Sie die Gefahr, Schädlinge und Krankheiten mit den Samen einzuschleppen, und können sicher sein, dass es gut keimt. Entscheiden Sie sich außerdem für widerstandsfähige, ertragreiche Sorten und achten Sie bei Pflanzen darauf, dass sie gesund aussehen.

ALTE ODER NEUE SORTEN?

Die Meinung, dass alte Sorten besser und authentischer sind als neue, entspricht nicht ganz der Wahrheit. Die Pflanzenzüchter haben große Anstrengungen unternommen, um auch für den Hausgarten viele verschiedene Sorten zur Verfügung stellen zu können. Diese Sorten, die ihren Ursprung in Wildformen und alten Sorten haben, werden ständig verbessert. Die neuen Kreationen bei Tomaten, Bohnen, Kohl und Karotten sind oft viel ertragreicher und widerstandsfähiger gegen zahlreiche Krankheiten.

Nicht nur für den professionellen Gartenbau, auch für Hobbygärtner sind viele gut geeignete Sorten entstanden. Bei einigen Gemüsen wie Tomaten und Karotten können Sie auch alte und neue Sorten nebeneinander anbauen. Wie hoch der Ertrag und wie gut der Geschmack sind, liegt Fachleuten zufolge vor allem daran, welcher Boden in Ihrem Garten vorliegt. Das sollte Sie natürlich nicht davon abhalten, zu experimentieren und zwischen F1-Hybriden, anderen Zuchtsorten und ungewöhnlichen Sorten, ob alt oder neu, zu variieren: bunte Karotten, gelbe Tomaten, bunter Mangold, rotes Basilikum, blaue Kartoffeln … Die Auswahl ist immens.

Wenn Sie hohe und einheitliche Ernten einbringen wollen, sollten Sie Zuchtsaatgut oder F1-Hybridsorten wählen. Diese entstehen durch Kreuzungen von besonders ertragreichen Eltern. Manche Gemüse, z. B. Bohnen, sind selbstbefruchtend und bilden keine F1-Hybride, die Sorten werden aber trotzdem ständig verbessert.

SAMEN ODER PFLANZEN?

Bei allen Kulturen, die das Umpflanzen vertragen, z. B. Kohl, Salat, Fenchel oder Rote Bete, haben Sie die Wahl: Sie können direkt aussäen, in Töpfen oder Schalen vorziehen und dann ins Freiland umsetzen oder Sie kaufen junge Pflanzen, die Sie direkt ins Beet setzen. Jede Variante hat Vor- und Nachteile.

Die Direktaussaat ist schnell und einfach. Außerdem ist die Sortenauswahl bei Saatgut oft größer als bei Pflanzen. Jedes Tütchen enthält eine Vielzahl von Körnern und kann theoretisch Hunderte Sämlinge ergeben. Nach dem Aufgehen der Saat können Sie die schönsten und kräftigsten Pflanzen auswählen. Trotzdem gibt es auch Nachteile. Zum einen wird die Fläche im Beet länger besetzt, als wenn Sie sich für Pflanzen entscheiden. Zum anderen müssen Sie bei Null anfangen, wenn die Samen nicht keimen, was zu Zeitverlust führt.

Die Aussaat in Schalen, unter Folie oder Glas ermöglicht es, vor dem Umpflanzen auf die Freilandfläche die besten Pflanzen auszuwählen. Das Beet ist durch das Vorziehen außerdem nicht so lange belegt. Erfahrene Gärtner bevorzugen meist diese Methode. Sind zu viele Sämlinge vorhanden, können Sie mehr als geplant auspflanzen oder den Überschuss verschenken.

Der Kauf von Pflanzen erweist sich als immer attraktiver, da das Angebot stetig wächst. Diese Methode spart Zeit und umgeht die oft problematische Aussaatphase. Alternativlos ist sie bei Kulturen, die viel Wärme brauchen, etwa Auberginen, Paprika, Basilikum oder Tomaten. Allerdings sind Pflanzen teurer als Saatgut.

SO GEWINNEN SIE SAMEN

Wenn Sie von jemandem Samen oder Pflanzen einer seltenen Kartoffelsorte oder einer regionalen Bohnen- oder Tomatensorte bekommen haben, dann sollten Sie natürlich diese Sorte für Ihren Garten erhalten und Samen gewinnen. Das funktioniert aber nicht mit allen Pflanzen, denn manche Arten oder Sorten bilden keine Blüten und somit auch keine Samen (z. B. Römischer Ampfer). Meist lassen sie sich dann mit

Stecklingen oder Ablegern oder durch das Teilen älterer Pflanzen vermehren (Artischocke, Erdbeere, Rhabarber, Himbeere, Estragon u. a.). F1-Hybridsorten produzieren Samen, die daraus gezogenen Pflanzen unterscheiden sich aber teilweise von den Elternpflanzen. Meist sind sie nicht mehr so groß und ertragreich. Sogenannte samenfeste Gemüsesorten, etwa von Tomaten, Melonen, Kürbis, Bohnen und Salat, können Sie hingegen gut durch die Gewinnung von Samen erhalten. Bei allen Pflanzen werden die Samen in der Frucht gebildet, die wiederum aus der Blüte entsteht. Sie müssen also die Blüte abwarten und die Früchte vollständig ausreifen lassen, bevor Sie die Samen ernten können.

Um beispielsweise Tomaten zu vermehren, wählen Sie eine schöne vollreife Frucht ohne Krankheitsanzeichen. Zerdrücken Sie sie vorsichtig und geben Sie die Samen in ein Teesieb oder einen Papierfilter, um sie zu waschen. Trocknen Sie die Samen an der Luft und füllen Sie sie in Papiertütchen, die Sie mit Datum und Sortenname versehen haben. Lagern Sie Samentütchen trocken und kühl, am besten im Gemüsefach des Kühlschranks.

Pflege für den Gemüsegarten

Selbst ein ökologischer Gemüsegarten ist eine künstliche Umgebung, in der die Gefahr von Schädlingen oder Krankheiten besteht. Mit einigen effektiven Maßnahmen halten Sie ihre Pflanzen gesund.

3

Wichtige Krankheiten und Schädlinge

Lernen Sie die wichtigsten Krankheiten, Schädlinge und Unkräuter kennen, dann können Sie rechtzeitig handeln. Mit den richtigen Tipps zur Vorbeugung und Bekämpfung steht einer reichen Ernte nichts im Wege.

PILZERKRANKUNGEN – RECHTZEITIG VORBEUGEN

WEISSFÄULE DES KNOBLAUCHS

Dieser Pilz, der Knoblauch, Zwiebeln und Lauch befällt, kann sich im Boden sehr lange halten. Begünstigt wird er durch zu viel Mineraldünger oder Mist.

- **Vorbeugung:** Entfernen und vernichten Sie befallene Pflanzen sofort. Halten Sie nach einem Befall eine Kulturpause von mehreren Jahren ein. Generell sollten Sie nicht dort pflanzen, wo in den letzten zwei oder drei Jahren Gemüse derselben Familie (Lauch, Schalotten) gestanden hat. Bringen Sie zum Pflanzzeitpunkt Holzasche aus, kaufen Sie zertifiziertes Pflanzgut und halten Sie einen ausreichenden Pflanzabstand ein.
- **Behandlung:** Derzeit gibt es noch keine effektive Behandlungsmethode.

GRAUFÄULE DER ZWIEBEL

Sie verursacht Verluste während der Kultur und der Lagerung. Befallene Blätter vergilben vorzeitig (im Juli/August) und werden von einem gräulichen Belag überzogen. Befallene Zwiebeln werden weich und schrumpfen. Bei Lagerzwiebeln breitet sich die Krankheit weiter aus, es erscheinen kleine schwarze Verhärtungen, und die Zwiebeln faulen.

- **Vorbeugung:** Vermeiden Sie eine zu dichte Aussaat und Mistgaben. Ernten Sie die Zwiebeln, solange noch zwei oder drei Blätter grün sind, und lassen Sie die Zwiebeln trocknen. Halten Sie die Fruchtfolge ein.
- **Behandlung:** Trocknen Sie die Zwiebeln drei Tage lang bei 30 °C und guter Belüftung.

KRAUT- UND KNOLLENFÄULE DER KARTOFFEL

Diese Krankheit, die gravierend sein kann, macht sich zuerst mit großen braunen, hellgrün begrenzten Flecken an den Blättern bemerkbar. Die Blätter vertrocknen und sterben ab. An den Knollen bilden sich braune Flecke, und das Fleisch wird von rötlichen Stellen durchsetzt. Hohe Temperaturen und Feuchtigkeit begünstigen die Krankheit.

- **Vorbeugung:** Wählen Sie resistente oder frühe Sorten.
- **Behandlung:** Bordeauxbrühe oder Kupferoxychlorid: eine Spritzbehandlung alle zwei Wochen.

MEHLTAU DER ZUCCHINI

Diese Krankheit befällt alle Kürbisgewächse: neben Zucchini auch Gurken, Melonen und Kürbisse. Auf den Blättern bildet sich ein pudriger weißer Belag, der das Pflanzenwachstum hemmt und zum Absterben der Blätter führt. Heiße Sommer oder der Wechsel von feuchtem und trockenem Wetter begünstigen die Krankheit.

- **Vorbeugung:** Säen Sie resistente Sorten aus. Sorgen Sie für Luftzirkulation in der Kultur. Entfernen Sie befallene Blätter.
- **Behandlung:** Spritzen Sie mit Schachtelhalmbrühe oder Netzschwefel.

BRENNFLECKENKRANKHEIT DER BOHNE

Bei dieser Krankheit bilden sich braune Flecke auf Sämlingen, Blättern, Hülsen oder Kernen. Auf der Blattunterseite wirken die Flecken wie kleine Verbrennungen an den Blattadern. Kühles, feuchtes Wetter begünstigt die Krankheit.

- **Vorbeugung:** Wählen Sie resistente Sorten ('Sixta', 'Ferrari', 'Duplika') und gesundes Saatgut.
- **Behandlung:** Spritzbehandlung mit Schachtelhalmbrühe alle zwei Wochen. Entfernen Sie alle befallenen Pflanzenteile.

KRAUT- UND BRAUNFÄULE DER TOMATE

Diese Krankheit tritt im August an Freilandtomaten auf. Es bilden sich gelbe Flecke, die sich später braun verfärben. Die Früchte weisen braun marmorierte Stellen auf.

- **Vorbeugung:** Wählen Sie resistente Sorten und entfernen Sie befallene Blätter. Lassen Sie die Blätter beim Gießen nicht mit Wasser in Kontakt kommen und schützen Sie die Pflanzen vor Regen. Viele Gärtner arbeiten mit Kupferdraht, den sie unten um die Stängel wickeln oder in den Boden stecken.
- **Behandlung:** eine Spritzbehandlung mit Bordeauxbrühe oder Kupferoxychlorid alle zwei Wochen. Auch Schachtelhalmbrühe hilft.

BLÜTENENDFÄULE DER TOMATE

Die Früchte werden unten schwarz und verfaulen. Diese Krankheit wird nicht von einem Pilz verursacht, sondern durch Kalziummangel.

- **Vorbeugung:** Bewässern Sie die Pflanzen regelmäßig direkt an der Wurzel. Verbessern Sie das Gleichgewicht und die Fruchtbarkeit des Bodens, indem Sie vor dem Pflanzen zum Beispiel Kompost, Holzasche oder einen Kalkdünger wie Algenkalk ausbringen.
- **Behandlung:** Dieser Krankheit können Sie nur durch Vorbeugung begegnen.

BLATTFLECKENKRANKHEIT DER TOMATE

An den Blättern bilden sich kleine schwarze Flecken. Der Stängel wird ebenfalls befallen und vertrocknet. Die Früchte weisen eingesunkene schwarze Stellen auf. Als Auslöser der Krankheit reichen schon wiederholte Regenfälle und viel Tau auf den Pflanzen aus.

- **Vorbeugung:** Lassen Sie die Blätter beim Gießen nicht mit Wasser in Kontakt kommen. Sorgen Sie für eine gute Belüftung der Kultur und entfernen Sie abgestorbene Pflanzenteile. Sie wirken wie ein Nährboden für Schädlinge.
- **Behandlung:** eine Spritzbehandlung mit Bordeauxbrühe oder Kupferoxychlorid alle zwei Wochen.

SCHADINSEKTEN – LÄSTIGE KRABBELTIERE

SPARGELHÄHNCHEN

Die Larven fressen sich durch die Stängel und Sprosse. Die erwachsenen Käfer, deren Flügel rot umrandet sind, fressen Blätter und die Spitzen der Sprosse.

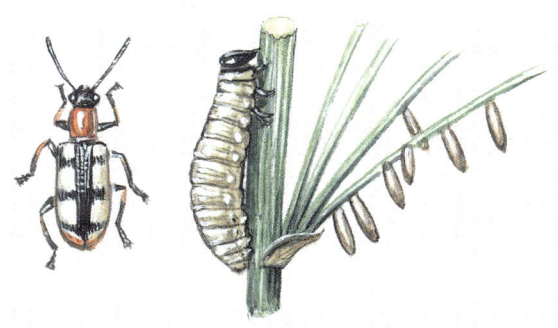

- **Vorbeugung:** Sammeln Sie alle Larven, die Sie entdecken, ab. Verbrennen Sie trockene Stängel am Ende der Saison.
- **Behandlung:** Spritzen Sie mit einem Insektizid auf Deltamethrin-Basis oder mit Rainfarnjauche.

KOHLWEISSLING

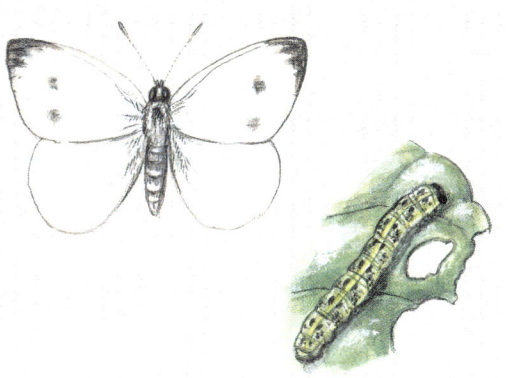

Die Larven des Kohlweißlings, 4 bis 5 cm lange graugrüne Raupen, fressen die Blätter oft bis auf die Adern ab. Die Schmetterlinge sind weiß mit schwarzen Flecken und schwarzem Kopf. Pro Jahr treten zwei bis drei Generationen auf.

- **Vorbeugung:** Kohlweißlinge halten sich fern, wenn in der Nachbarschaft des Kohls Borretsch, Wegerich, Salbei oder Rosmarin stehen.
- **Behandlung:** Mit einem Bio-Insektizid auf der Basis von *Bacillus thuringiensis*.

MÖHRENFLIEGE

Die Larven dieses Insekts verursachen Schäden an Karotten, indem sie Gänge durch den Rübenkörper fressen. Es gibt zwei Generationen pro Jahr: Die erste befällt die jungen Pflanzen, die zweite schädigt bis in den November hinein massiv die Rüben.

- **Vorbeugung:** Decken Sie ein Kulturschutznetz über die Pflanzen, sobald das Dickenwachstum einsetzt. Die Mischkultur mit Pflanzen wie Knoblauch oder Zwiebeln, die die Fliegen fernhalten, ist wirksam, aber oft nicht einfach zu bewerkstelligen. Sie können es auch mit einer Mulchschicht aus Farn und Holunderblättern versuchen, die Sie alle zwei Wochen erneuern sollten.

- **Behandlung:** mit Rainfarn- oder Lavendelbrühe.

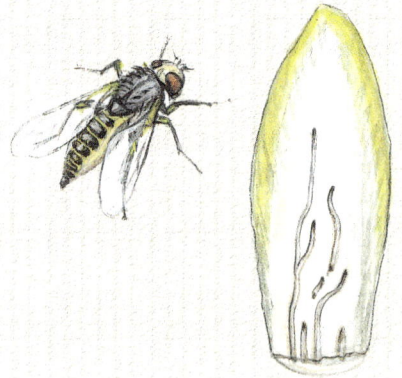

ZICHORIENMINIERFLIEGE

Im Gemüsegarten frisst sich die Larve der Fliege vor allem durch die Blätter von Chicorée und Endivien. Während der Chicorée im Haus treibt, fressen die Larven in Höhe des Halses Gänge in die Wurzel, die daraufhin verfault.

- **Vorbeugung:** Wählen Sie nur einwandfreie Wurzeln zum Treiben aus.
- **Behandlung:** mit einem Insektizid auf natürlicher Basis (vom Typ Spinosad).

SPEISEBOHNENKÄFER

Die Eier werden im Garten in den Hülsen oder am Lagerort in den Kernen abgelegt. Der Käfer überwintert in den Kernen und macht sie unbrauchbar.

- **Vorbeugung:** Beugen Sie der Eiablage im Garten vor, indem Sie ein natürliches Insektizid anwenden.
- **Behandlung:** Lagern Sie getrocknete Bohnen im Gefrierschrank, das lässt die Eier absterben und verhindert so die Entwicklung von Larven.

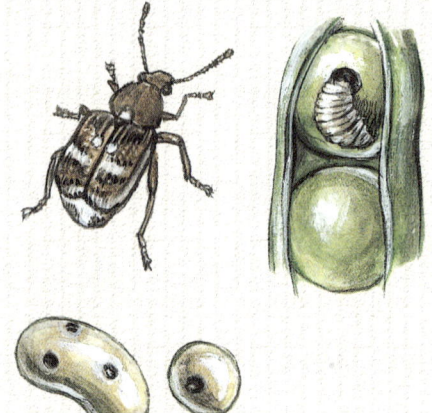

HIMBEERRUTENGALLMÜCK

Dieses kleine Insekt, das einer Stechmücke ähnelt, befällt Himbeer- und Johannisbeersträucher. Es ruft verschiedene Symptome hervor (verkrüppelte Blätter, Gallen oder Welke) und schwächt die Pflanze.

- **Vorbeugung:** Bearbeiten Sie den Boden im Herbst so, dass die Larvenkokons an die Oberfläche gelangen.
- **Behandlung:** Schneiden Sie alle befallenen Pflanzenteile frühzeitig ab und verbrennen Sie sie.

SALATWURZELLAUS

Die Salatwurzellaus überwintert in Pappelrinde. Ab Juni fliegen sie aus und besiedeln die Wurzeln ihrer Sommerwirte (Artischocken, Salat, Endivien). Im Herbst fliegen sie zurück zum Winterwirt.

- **Vorbeugung:** Vermeiden Sie eine Düngung mit zu viel Stickstoff. Bewässern und jäten Sie regelmäßig.
- **Behandlung:** Mit einem Pyrethrum-Insektizid, auf 1:10 verdünnter Farnjauche (850 g Farnblätter eine Woche in 10 l Wasser gären lassen) oder einer unverdünnten Rainfarnbrühe (400 g Blätter 24 Stunden in 1 l Wasser ziehen lassen, dann 15 Minuten kochen).

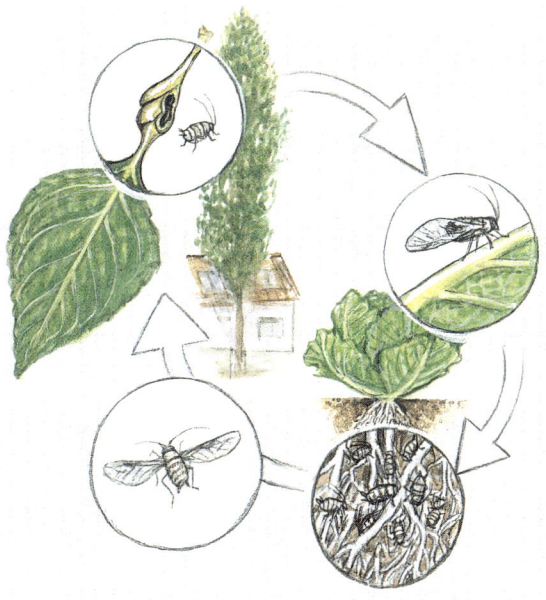

LAUCHMOTTE

Die Raupe dieses kleinen grauen Schmetterlings ist hellgrün. Sie durchbohrt die Blätter und den Schaft von Lauchpflanzen, die dadurch schneller faulen und wertlos werden.

- **Vorbeugung:** Lassen Sie Lauchsetzlinge vor dem Pflanzen trocknen. Säen Sie Karotten zwischen den Lauch.
- **Behandlung:** mit einem Insektizid auf der Basis von Bacillus thuringiensis oder einer Rainfarnbrühe (s. oben).

KARTOFFELKÄFER

Die Larven und erwachsenen Kartoffelkäfer richten erhebliche Schäden an der Kultur an. Ein Befall entlaubt die Pflanzen vorzeitig und schwächt sie. Besonders gefährlich ist dieser Schädling für Lagerkartoffeln.

- **Vorbeugung:** Nützlinge (Vögel und Marienkäfer) verringern die Zahl der Kartoffelkäfer. Sammeln Sie die erwachsenen Käfer von Hand ab oder verwenden Sie Litchitomaten als Lockpflanzen.
- **Behandlung:** mit einem Pestizid auf Pyrethroid-Basis.

ERDFLOH

Dieses kleine schwarze Insekt durchlöchert die jungen Blätter von Rettich und Radieschen, was die gesamte Pflanze schwächt.

- **Vorbeugung:** Bewährt hat sich die gleichzeitige Aussaat von Salat. Profis im Bio-Gartenbau empfehlen, Ginsterzweige zwischen die Saatreihen zu stecken.
- **Behandlung:** Spritzbehandlung mit Knoblauch- oder Brennnesseljauche.

MAULWURFSGRILLE

Die Maulwurfsgrille ist ein schönes Insekt, das wie eine große Grille aussieht. Die kräftigen Vorderbeine sind zu Grabschaufeln umgewandelt. In der Nacht

frisst die Maulwurfsgrille an Wurzeln und Stängeln junger Gemüsepflanzen.

- **Vorbeugung:** Wickeln Sie Aluminiumfolie um den Wurzelhals von Tomaten. Legen Sie im Herbst Furchen mit jeweils 1 m Abstand an und füllen Sie diese mit frischem Kompost. Maulwurfsgrillen und Engerlinge werden darin Zuflucht suchen. Wenn Sie die Furchen im Frühjahr belüften, erfrieren die Insekten.
- **Behandlung:** Verwenden Sie kein Insektizid, denn die Art ist bereits stark gefährdet.

ANDERE UNGEBETENE GÄSTE

Ein Erzfeind des Gärtners ist der Maulwurf, dessen Hügel auch die Abläufe im Gemüsegarten stören können. Chemische und akustische Abwehrmittel können ihn fernhalten. Lebendfallen sind erlaubt, aber Maulwürfe dürfen nicht getötet werden. Auch andere, weniger auffällige Tiere können unseren Garten heimsuchen.

TAUBE

Turtel- und Ringeltauben fressen die zarten Blätter vieler Gemüsepflanzen.

- **Vorbeugung:** Das wirksamste Mittel ist ein Vogelschutznetz.
- **Behandlung:** Bekämpfungsmittel schaden auch anderen Vögeln und sollten deshalb nicht verwendet werden.

SCHERMAUS

Die Schermaus oder Große Wühlmaus wird oft mit dem Maulwurf verwechselt, da sie ebenfalls Haufen aufwirft. Ihre Gänge sind jedoch, anders als die des Maulwurfs, am Ende offen. Schermäuse fressen alle Wurzelgemüse (z. B. Karotten, Rettich, Kartoffeln). Die Fraßschäden vermindern die Erträge und begünstigen Fäule.

- **Vorbeugung:** Rizinuskuchen und Knoblauch vertreiben die Schermaus – genauso wie Katzen.
- **Behandlung:** Spezielle Giftköder müssen in Köderboxen ausgelegt werden, die sicher für andere Tiere sind. Drahtfallen schieben Sie in die Gänge, Kastenfallen stellen Sie davor auf.

SCHNECKEN

Nackt- und Gehäuseschnecken können junge Salatpflanzen vollständig vernichten. Sie gehen vor allem nachts an ihr zerstörerisches Werk, wenn der Boden ausreichend feucht ist, sodass sie sich gut fortbewegen können.

- **Vorbeugung:** Eine Mulchschicht, die Schachtelhalm, Borretsch und Eichenblätter enthält, vertreibt Schnecken. Auch Wermutbrühe ist wirksam zum Abschrecken.
- **Behandlung:** mit einem Präparat auf der Basis von Eisenphosphat.

WILD

Wenn sich Ihr Garten auf dem Land befindet, kann es – meist in der Nacht oder früh am Morgen – passieren, dass er Wildbesuch bekommt. Manchmal vernichten die Tiere ganze Kulturen.

- **Vorbeugung:** Ein Maschendrahtzaun, der mindestens 1,20 m hoch und 30 cm tief in die Erde eingelassen ist, hält Kaninchen, Rehe und Wildschweine fern. Auch das Auslegen von Haaren (bei einem Friseur besorgen) um die Beete ist meist wirksam gegen Rehe.
- **Behandlung:** keine. Natürliche Abwehrstoffe (Pfeffer, Senf, Diesel, Urin) sind wenig wirksam.

WUCHERNDE UNKRÄUTER

Nehmen Pflanzen im Beet überhand und entwickeln sich auf Kosten der Kulturpflanzen, werden sie zu Unkräutern. Der Trick besteht darin, ihnen günstige Wachstumsbedingungen zu verwehren oder ihnen zuvorzukommen. Schnellwüchsige Kulturen anzubauen, zu mulchen oder Gründünger auszusäen sind erfolgreiche Strategien, damit sich Unkräuter nicht ausbreiten.

WEISSER GÄNSEFUSS

Seine kräftige Pfahlwurzel entzieht dem Boden die Nährstoffe, die den Kulturpflanzen dann fehlen. Gänsefuß vermehrt sich durch Samen.

- **Beseitigung:** Lassen Sie das Kraut nicht schießen und blühen. Reißen Sie es mit der Hand heraus. Grubbern und jäten Sie regelmäßig.

ACKERWINDE

Der stark verzweigte Haupttrieb kriecht auf dem Boden und schlägt an vielen Stellen Wurzeln.

- **Beseitigung:** Schneiden Sie freie Triebe regelmäßig ab und entfernen Sie die Rhizome möglichst vollständig aus dem Boden.

Weißer Gänsefuß

Ackerwinde

Portulak

Quecke　　　　*Ackerschachtelhalm*

QUECKE

Dieses Gras vermehrt sich durch Samen und ein unterirdisches Rhizomgeflecht, das sich schnell ausbreitet.

- **Beseitigung:** Lösen Sie die Wurzeln mit dem Grubber und entfernen Sie alle Stücke aus dem Boden.

PORTULAK

Diese Pflanze mit den fleischigen Blättern bevorzugt warmgemäßigtes Klima, kann aber auch in raueren Lagen wachsen.

- **Beseitigung:** Reservieren Sie der Pflanze eine Ecke im Beet, denn die Blätter schmecken gut im Salat. Wenn Sie das nicht wollen, reißen Sie den Portulak mit der Hand aus.

ACKERSCHACHTELHALM

Dieses Kraut vermehrt sich durch fruchtbare Sporentriebe und unterirdisch durch lange, tief treibende Rhizome.

- **Beseitigung:** sehr schwierig. Versuchen Sie es mit einer Plane, die Sie für einige Wochen auf dem Boden ausbreiten. Aus Schachtelhalm können Sie eine Pflanzenjauche gegen Insekten und Krankheiten herstellen.

Krankheiten und Schädlingsbefall vorbeugen

Leider gibt es kein Wundermittel. Vielmehr geht es darum, eine fein austarierte Balance zwischen verschiedenen Maßnahmen zu erreichen. Wenn Ihr Garten eine vielseitige Pflanzen- und Tierwelt beherbergt, wird es immer Fressfeinde von Blattläusen und Schnecken geben. Außerdem sollten Sie die Grundsätze der Mischkultur beherzigen, damit die Pflanzen sich gegenseitig schützen können.

GÜNSTIGE BEDINGUNGEN FÜR NÜTZLINGE SCHAFFEN

Nützliche Insekten spielen eine überaus wichtige Rolle für die Bestäubung von Blüten und die Schädlingsbekämpfung – und damit auch für die Produktion von Gemüse. Sobald eine Population von Schädlingen größer wird, erhöht sich die Zahl ihrer Fressfeinde und natürlichen Parasiten.

NÜTZLICHE INSEKTEN

Zu den bekanntesten Bestäubern zählen zweifellos die Bienen, aber auch andere Insekten wie Schwebfliegen und Große Wollschweber spielen hier eine wichtige Rolle.

Unter den Fressfeinden genießen die Marienkäfer den besten Ruf. Ihr Bestand entwickelt sich in Abhängigkeit von der Blattlauszahl. Auch die Larven von Schwebfliegen und Laufkäfern vertilgen Blattläuse. Marienkäfer, Schlupfwespen, Gallmücken und Florfliegen regulieren Thripse, Blatt- und Schildläuse sowie Weiße Fliegen auf natürliche Weise. Voraussetzung dafür ist, dass ihnen Blüten und Gras als Vermehrungs- und Zufluchtsorte zur Verfügung stehen.

Nehmen Sie sich ein Beispiel an alten Klostergärten, in denen jedes Beet von Blumen gesäumt war, was den Nützlingen zugute kam. Bieten auch Sie den kleinen Helfern ausreichend Nahrung und verwenden Sie keine Mittel, denen die Nützlinge zum Opfer fallen.

BLÜTEN FÜR DIE NÜTZLINGE

Es gibt zahlreiche Pflanzenfamilien, die günstig für nützliche Insekten sind, besonders anziehend aber wirken Doldenblütler und Korbblütler. Ein Merkmal, das die Pflanzen aus der Familie der Doldenblütler gemeinsam haben, ist der Blütenschirm, der Insekten eine ideale Landefläche bietet. Durch die vielen kleinen Blüten und die lange Blütezeit bilden Doldenblütler eine gute Nahrungsquelle für viele verschiedene Insekten.

Zu den Korbblütlern gehören wilde und kultivierte Arten, deren Blütezeit sich über einen großen Teil des Jahres erstreckt, angefangen vom Gänseblümchen über Löwenzahn, Margeriten, Zinnien, Ringelblumen, Flockenblumen, Sonnenhut, Kosmeen und Sonnenblumen bis hin zu Astern und Dahlien, die bis zum ersten Frost blühen. Auf Ihren Blumenbeeten können Sie Korbblütler als Stauden setzen (Margeriten, Astern), aussäen (Kosmeen) oder pflanzen (Studentenblumen). Studentenblumen sehen nicht nur schön aus, sie wirken auch abschreckend auf Nematoden.

Säen Sie im Gemüsegarten Petersilie, Fenchel, Dill, Pastinaken und Koriander aus und lassen Sie nach Möglichkeit einige Pflanzen blühen. Wenn Sie verhindern wollen, dass sie sich selbst aussäen, schneiden Sie die Blüten kurz vor der Samenbildung ab.

Lassen Sie auch einige Artischockenpflanzen blühen und säen Sie Kosmeen, die sich später immer wieder selbst aussäen. Lassen Sie auch einige der leicht zu identifizierenden Sämlinge inmitten Ihrer Salat-, Kohl- und Tomatenpflanzen stehen.

ZUFLUCHTSORTE FÜR INSEKTEN

Bieten Sie Nützlingen an verschiedenen Stellen Ihres Gemüsegartens Unterschlupf, indem Sie Zweige und Äste aufschichten und mit einem Brett beschweren. Dieses Insektenhotel sollte nach Süden ausgerichtet sein. Sie können auch an einem Baum oder Strauch mit Stroh oder Zweigen gefüllte Blumentöpfe aufhängen, die den ganzen Winter über hängen bleiben.

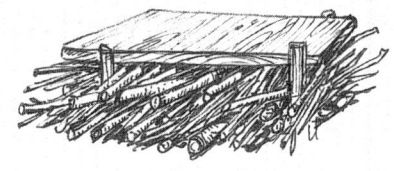

ARTENREICHE BLUMENWIESE

Mit einer Blumenwiese, die Sie anstatt eines Rasens in unmittelbarer Nähe des Gemüsegartens anlegen, bieten Sie Nützlingen das ganze Jahr über eine Heimat. Die speziellen, insektenfreundlichen Saatmischungen, die im Handel erhältlich sind, enthalten bis zu 20 verschiedene Arten und sind auf ganz unterschiedliche Boden- und Standortbedingungen zugeschnitten. Die Arten sind pollenreich und spielen außerdem eine Rolle als Gründünger.

Pflanzen aus der Familie der Schmetterlingsblütengewächse reichern den Boden mit Stickstoff an, und ihre Blüten locken Bienen an. Esparsette, Steinklee, Klee, Wicke und Luzerne sind Klassiker, wenn es um das Anlegen einer Bienenweide auf einer Brachfläche geht. Die meisten dieser Arten sind mehrjährig und wachsen jedes Jahr wieder. Der blau blühende Bienenfreund und Gelbsenf säen sich jedes Jahr selbst aus.

Einen Blütenstreifen aussäen

1. Graben Sie im Herbst die vorgesehene Fläche um und entfernen Sie alle noch vorhandenen Pflanzen.

2. Lockern und glätten Sie die Oberfläche im Frühjahr mit dem Grubber.

3. Säen Sie breitwürfig aus.

4. Gießen Sie regelmäßig, bis die Saat aufgeht.

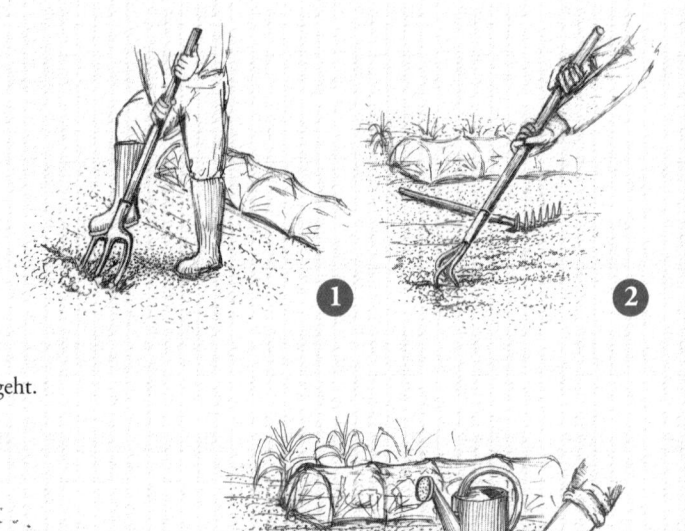

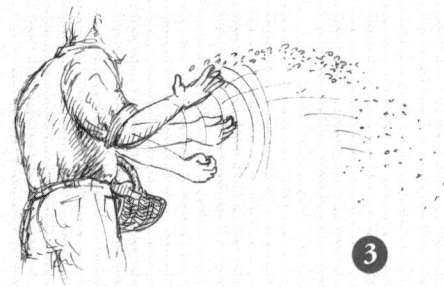

HECKEN ALS ANZIEHUNGSPUNKTE FÜR TIERE

Um nützliche Vögel, Insekten und andere Tiere in den Gemüsegarten zu locken, sollten Sie in unmittelbarer Nähe eine Mischhecke anlegen, die Nahrung und Schutz bietet. Vögel und Igel zu beobachten macht Spaß, außerdem leisten sie wertvolle Hilfe bei der Bekämpfung von Schadinsekten und Schnecken.

Heckensträucher sind in vielerlei Hinsicht hilfreich. Beeren tragende Sträucher bieten im Winter eine wichtige Nahrungsquelle für Vögel wie Sperlinge, Meisen oder Gimpel. Blühende Sträucher ziehen im Frühjahr Schmetterlinge und andere Insekten an, denen wiederum Insekten fressende Vögel wie Rotkehlchen und Spechte folgen. Dornensträucher (Feuerdorn, Ginster u. a.) schützen Nester und Gelege, da sie Feinde wie Greifvögel, Häher und Katzen fernhalten. Nicht zuletzt leisten Sträucher mit immergrünem Laub gute Dienste als Kälte- und Windschutz.

Wenn Sie für Ihre Hecke naturnahe Gehölze bevorzugen, können Sie Holunder, Johannisbeere, Hasel, Berberitze, Schlehe, Weißdorn, Hartriegel oder Stechpalme wählen. Es gibt zahlreiche attraktive Zuchtsorten, darunter rot- und buntlaubige.

Von den Sträuchern, die am besten für Vögel geeignet sind, ist die Felsenbirne wegen ihrer duftenden Blüten und ihrer Früchte interessant, desgleichen der Lorbeerschneeball (*Viburnum tinus* 'Purpureum' oder *V. tinus* 'Eve Price'). Grünfinken lieben Hagebutten, die Früchte der Rosensträucher, von denen sich viele Arten (z. B. *Rosa rugosa*) gut für Hecken eignen. Einige wie die Karamelbeere (*Leycesteria formosa*) brauchen einen Schnitt, damit sie nicht zu groß werden. Andere Optionen sind der Liebesperlenstrauch (*Callicarpa bodinieri*), der im Winter schöne violette Beeren trägt, Wintermahonien und die zahlreichen Sorten des Hartriegels (*Cornus*).

Zum Anpflanzen einer Mischhecke setzen Sie die Pflanzen in 30 cm breite und tiefe Löcher, und zwar versetzt in zwei Reihen, die 40 cm voneinander entfernt sind. Lassen Sie jeweils 1 m Abstand zwischen zwei Sträuchern. Legen Sie eine Gießmulde an und gießen Sie gründlich. Bewässern Sie die Sträucher ein Jahr lang jede Woche.

Mulchen Sie in den ersten Jahren im Sommer mit Stroh und bringen Sie jedes Jahr im Herbst einen organischen Dünger aus. Schneiden Sie die Gehölze nicht im Frühjahr, wenn die Vögel brüten.

MISCHKULTUR: DER NATUR ABGESCHAUT

Pflanzen leben von Natur aus in Gemeinschaften. Manche mögen einander, andere nicht. Ein gutes Beispiel für Mischkultur ist die Kombination von Kürbis, Mais und Bohnen: Die großen Kürbisblätter ersticken das Unkraut, der Mais dient den Bohnen als Rankhilfe, und die Bohnen reichern den Boden mit Stickstoff an. Jede Kultur hat eine bestimmte Wurzeltiefe und nutzt eine spezifische Bodenschicht. Wenn Sie über solche Interaktionen Bescheid wissen, ist die Grundlage für eine erfolgreiche Mischkultur gelegt. Machen Sie aber auch Ihre eigenen Beobachtungen und Erfahrungen.

DEN RAUM OPTIMAL NUTZEN

Kombinieren Sie Pflanzen, die den Raum auf verschiedene Weise nutzen oder unterschiedlich schnell wachsen. Säen Sie z. B. Radieschen, Salat und Karotten zusammen aus; geerntet werden die drei Kulturen nacheinander in dieser Reihenfolge. Eine gute Raumnutzung verhindert, dass das Unkraut überhand nimmt. Dafür können z. B. Tomaten, Basilikum und Salat oder Salat und Kohl gemischt werden.

FRUCHTBARER BODEN DURCH HÜLSENFRÜCHTE

Kulturen, die neben Hülsenfrüchten wachsen, profitieren davon, dass diese Pflanzen Stickstoff aus der Luft binden. Über diese Fähigkeit verfügen nur die Pflanzen aus der Familie der Schmetterlingsblütler. Verantwortlich dafür sind Bakterien der Gattung *Rhizobium*, die in ihren Wurzeln leben. Einen Teil des Stickstoffs nutzt die Pflanze selbst, den Rest gibt sie an den Boden ab. Schmetterlingsblütler setzen auch Substanzen frei, die dafür sorgen, dass die im Boden oder in Bodenverbesserern vorhandenen Phosphate gelöst werden. Ansonsten bliebe Phosphor oft unlöslich.

MISCHKULTUR GEGEN SCHÄDLINGE UND KRANKHEITEN

Studentenblumen (Tagetes) wirken gegen Wurzelgallennematoden an Tomaten, Auberginen und Kohl. Setzen Sie einige Tagetes zwischen die Tomatenpflanzen, um Wurzelgallen zu verhindern.
Säen Sie Kosmeen zwischen im Frühjahr gepflanzten Kohl. Wenn Sie im Sommer noch einmal Kohl pflanzen, können Sie einige der Kosmeen in die Neuanpflanzung umsetzen. Die hohen Kosmeen stören Kohlschädlinge, vor allem den Kohlweißling mit seinen gefräßigen Raupen.
Darüber hinaus wirken Kosmeen auch gegen Nematoden, und im Sommer mögen die Kohlpflanzen

den leichten Schatten. Je nach Platzangebot können Sie die verschiedenen Kulturen in eigenen Reihen oder in derselben Reihe anpflanzen.

VIELFALT IST TRUMPF

In dem Gemüsegarten, den wir Ihnen vorschlagen (siehe Plan in Kapitel 4), wirken sich verschiedene Faktoren günstig auf Nützlinge aus. Die Zahl der Kulturen sichert eine große Artenvielfalt. Der Garten ist kompakt, und die Reihen sind kurz, sodass die Gemüsepflanzen nie sehr weit voneinander entfernt sind. Die Kräuter in der Mitte und die mit Gras bewachsenen Mittelwege begünstigen die Vermehrung von Nützlingen. Darüber hinaus sind Kombinationen bestimmter Kulturen vorgesehen. So wird Lauch in die Karottenreihe gepflanzt und Mais zusammen mit Bohnen gesät.

Säen Sie gleich im ersten Jahr Kosmeen an die Enden der Reihen. Sie fühlen sich schnell heimisch und säen sich jedes Jahr selbst aus. Pflanzen Sie einige Tagetes zwischen die Tomaten, das beugt einem Nematodenbefall vor und verschönert die Reihen.

FRUCHTFOLGE – VIELFALT JAHR FÜR JAHR

Die Fruchtfolge beruht auf demselben Grundprinzip wie die Mischkultur: Pflanzen beeinflussen sich gegenseitig – und das nicht nur im Raum, sondern auch über die Zeit. Dazu kommt, dass zahlreiche Krankheitserreger im Boden überleben können. Schließlich soll die Fruchtfolge auch verhindern, dass der Boden ausgelaugt wird. Deshalb gilt die Empfehlung, an einem bestimmten Standort erst nach vier Jahren wieder ein Gemüse derselben Pflanzenfamilie anzubauen.

In unserem Gemüsegarten (siehe Plan in Kapitel 4 „Aktivitäten im Gartenjahr") sind drei Beete für Pflanzen verschiedener Familien vorgesehen. Eines für Nachtschattengewächse (Tomaten, Kartoffeln) und Hülsenfrüchte (Bohnen, Erbsen), eines für Liliengewächse, Kreuzblütler (Kohl) und Kürbisgewächse und eines schließlich für Doldenblütler (Karotten, Fenchel u. a.). Im vierten Beet stehen mehrjährige Kulturen, es wird alle acht bis zehn Jahre neu bepflanzt. Nehmen Sie jedes Jahr einen Beetwechsel vor und stellen Sie die Familien innerhalb des Beetes um: Beet eins wird zu Beet zwei, zwei wird zu drei und drei wird zu eins. So ist gewährleistet, dass eine Kultur erst nach sechs Jahren wieder an derselben Stelle steht.

Krankheiten und Schädlinge bekämpfen

Trotz aller Vorbeugungsmaßnahmen kann es gelegentlich zu Krankheiten und Schädlingsbefall kommen. Vielleicht ist die Wetterlage ungünstig, vielleicht hat es Ihnen eine Sorte angetan, die besonders empfindlich ist, oder der Wind hat heftig geweht … und schon werden geschwächte Pflanzen von einem Pilz oder einem Insekt angegriffen. Behandeln Sie solche Pflanzen sofort mit einem wirksamen Mittel, so verhindern Sie, dass sich die Krankheit ausbreitet, und laufen nicht Gefahr, die gesamte Ernte einzubüßen.

DAS RICHTIGE MITTEL

Wählen Sie ein Produkt, das ausdrücklich für die Verwendung im Garten zugelassen ist, und lesen Sie aufmerksam die Packungsbeilage. Halten Sie die Anweisungen, vor allem die Dosierungsvorgaben, ein. Es gibt beim Pflanzenschutz keine echten Bio-Produkte, diese Etikettierung ist medienwirksam, aber sachlich falsch. Es gibt lediglich Mittel, die im ökologischen Land- und Gartenbau erlaubt sind. Achten Sie auf die entsprechende Kennzeichnung der Produkte, etwa durch ein gängiges Biosiegel. Kein Pflanzenschutzmittel ist harmlos – wenn es das wäre, würde sein Einsatz nichts bringen.

EFFEKTIV GEGEN PILZERKRANKUNGEN

Für die Behandlung von Erkrankungen, die durch parasitäre Pilze hervorgerufen werden, stehen nur relativ wenige Mittel zur Verfügung. Die meisten Fungizide, die für den Gebrauch durch Hobbygärtner zugelassen sind, sind Substanzen auf Kupfer- oder Schwefelbasis.

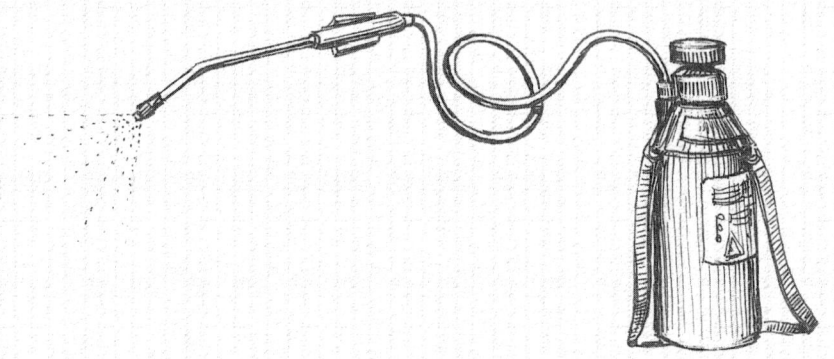

Bordeauxbrühe und Mittel auf Kupferbasis (Kupferoxychlorid oder Kupferhydroxid) helfen bei Pilzerkrankungen wie dem Falschen Mehltau, aber auch gegen bakterielle Erkrankungen. Aber Vorsicht: Das Kupfer sammelt sich im Boden an und wird bei starker Hitze toxisch.

Schwefel und lösliche Produkte auf Schwefelbasis wirken gegen Echten Mehltau und Weißfleckenkrankheit. Wählen Sie lösliche Produkte und beachten Sie die Dosierungs- und sonstigen Anwendungsvorschriften.

EFFEKTIV GEGEN SCHÄDLINGE

Wie bei den Fungiziden ist auch das Angebot an Schädlingsbekämpfungsmitteln mittlerweile nicht mehr sehr groß. Der größte Nachteil von Insektiziden besteht natürlich darin, dass sie nicht nur die Schädlinge, sondern auch nützliche Insekten töten. Außerdem führt die wiederholte Behandlung mit bestimmten Substanzen zu Resistenzen. Das betrifft selbst Mittel wie Pyrethrine, die auf einem Pflanzenextrakt basieren. Deshalb sollten Sie Schädlingsbekämpfungsmittel so selten wie möglich einsetzen.

Neu zugelassene Mittel beruhen auf immer genaueren Kenntnissen der Chemie von Pflanzen und Bakterien. So wurde in jüngerer Zeit ein natürliches Insektizid aus Callistemon-Blüten (Zylinderputzer) gewonnen (Viminadion), ein anderes aus Bakterien (Spinosad).

Im Winter sollten Sie bei Gehölzen zu Mitteln auf Mineralölbasis greifen. Sie ersticken die Eier von Insekten und verhindern somit deren Wiederkehr im Frühjahr.

Jauchen: Was hilft gegen was?

- Beinwell: Blattläuse, Weiße Fliegen
- Brennnessel: Blattläuse, Milben
- Farn: Drahtwürmer, Blattläuse, Zwergzikaden
- Holunder: Blattläuse, Maulwürfe, Nagetiere
- Rainfarn: Falscher Mehltau, Rost, Blattläuse
- Schachtelhalm: Echter und Falscher Mehltau, Schorfpilze, Larven der Lauchmotte
- Weinraute: Katzen, Nagetiere
- Wermut: Rost, Maden

HILFE AUS DER NATUR: PFLANZENJAUCHEN

Wissenschaftler haben festgestellt, dass Extrakte, Sude oder Gärprodukte aus bestimmten Pflanzen die natürlichen Abwehrkräfte anderer Pflanzen stimulieren können, sodass sie sich selbst gegen Krankheiten oder Schädlinge wehren. Diese sogenannten Phytostimulanzien sind in Jauchen enthalten.

Die Pflanzen für die Jauche können Sie entweder in der freien Natur pflücken, in einer Gartenecke anbauen oder getrocknet beschaffen (siehe Kasten). Die Zutaten für bestimmte Pflanzenjauchen gibt es auch fertig zu kaufen. Dann einfach die Pflanzen in Regenwasser einlegen und das Ganze einige Zeit ziehen lassen.

So stellen Sie Schachtelhalmjauche her

Schachtelhalmjauche wirkt vorbeugend gegen zahlreiche Pilzerkrankungen (Echter und Falscher Mehltau, Schorfpilze u. a.). Verwenden Sie hierfür frische Pflanzen.

1. Zerkleinern Sie 1 kg frische Blätter und weichen Sie sie in 10 l Regenwasser ein. Verwenden Sie ein Kunststoff- oder Holzgefäß, das nicht verschlossen wird.

2. Lassen Sie die Blätter etwa zwei Wochen ziehen, bis keine Blasen mehr an die Oberfläche steigen.

3. Filtern Sie die Jauche mit einem Trichter und einem feinen Strumpf.

4. Verdünnen Sie die Mischung im Verhältnis 1:10 und versprühen Sie die Jauche.

BIOLOGISCHE SCHÄDLINGSBEKÄMPFUNG

Bei der biologischen Schädlingsbekämpfung geht es darum, zum Nutzen der Pflanze ein Gleichgewicht zwischen Schädlingen und deren Fressfeinden oder Parasiten und Hyperparasiten herzustellen. In der Praxis werden nützliche Insekten und Mikroorganismen ausgesetzt oder günstige Bedingungen für schon vorhandene geschaffen. Wichtig ist es, dass Sie den Befall frühzeitig erkennen und den Schädling sicher bestimmen. Dann können Sie die Mikroorganismen und parasitären Insekten gleich zu Beginn des Befalls einsetzen.

Im Garten können Sie z. B. Raupen biologisch mit B.t.-Präparaten (B.t. steht für das Bakterium *Bacillus thuringiensis*) bekämpfen. Sie können im Fachhandel auch nützliche Insekten bestellen, die bestimmte Schädlinge vernichten: Marienkäferlarven oder Florfliegen gegen Blattläuse, Schlupfwespen gegen Weiße Fliegen usw.

ZUSÄTZLICHE VORSICHTSMASSNAHMEN

Die Gesundheit Ihres Gemüsegartens können Sie auch mit einigen ganz einfachen Maßnahmen fördern. Beispielsweise verhindern Sie das Wiederauftreten von Krankheiten im Folgejahr, indem Sie alle befallenen Pflanzen sorgfältig entfernen.

Der Großteil der Krankheiten und Schädlinge überdauert in Form von Sporen, Sklerotien, Eiern oder Zysten, die manchmal mehrere Jahre überstehen. Werfen Sie kranke Blätter, verfaultes Gemüse oder Obst und Fruchtmumien nicht auf den Kompost. Sie werden verbrannt oder, wenn das nicht erlaubt ist, im Hausmüll entsorgt. Sonst werden Sporen, Eier oder Larven, die den Winter überstanden haben, im Frühjahr mit Sicherheit wieder aktiv. Eine wichtige Vorsichtsmaßnahme ist das Einhalten der Fruchtfolge. Wenn Sie mehrjährige Pflanzen aus Stecklingen vermehren, haben Sie immer junge, von Krankheiten freie Triebe zur Verfügung.

SCHNECKEN IN IHRE SCHRANKEN WEISEN

Schnecken werden von den Gärtnern zu Recht gefürchtet. Nacktschnecken vertilgen jeden Tag die Hälfte ihres Körpergewichts in Blättern. Sie leben im Boden und kommen nur in der Nacht heraus. Und am Morgen künden abgefressene Salatpflanzen von ihrer Anwesenheit. Es gibt einige Vorbeugungsmaßnahmen:

- Bei starkem Befall ist der Einsatz einer Motorhacke von Nutzen. Dadurch werden die Schnecken an die Oberfläche gebracht und ihre Fortbewegung erschwert.
- Sie können auch Sägespäne um die Pflanzen oder die Saatreihen streuen.
- Bio-Gärtner verwenden oft Bierfallen, die sie in der Nähe der Pflanzen einrichten. Dazu wird ein kleines Gefäß mit weiter Öffnung, etwa ein Kunststoffbecher, bündig in den Boden eingelassen. Der Biergeruch lockt die Schnecken an, die dann in der Flüssigkeit ertrinken. Sie brauchen die Fallen dann jeden Morgen nur noch zu leeren.
- Sie können auch eine Reihe Holzbrettchen auf den Boden zwischen die Pflanzen legen. Am Morgen werden sich an den Unterseiten zahlreiche Schnecken finden, die Sie dann nur noch einsammeln und vernichten müssen.

Welches Mittel gegen Unkraut?

Am besten ist es, ganz ohne Bekämpfungsmittel auszukommen und regelmäßig per Hand und Hacke zu jäten. Wenn das Unkraut aber überhandnimmt und Sie ein radikaleres Mittel benötigen, sollten Sie darauf achten, dass es für den Garten zugelassen ist. Seit einiger Zeit gibt es im Handel umweltfreundlichere Präparate (auf der Basis von Essig- oder Pelargonsäure). Welches Mittel Sie auch verwenden, beachten Sie stets die Dosierungs-, Gebrauchs- und Warnhinweise. Am besten behandeln Sie junge Pflanzen am Beginn des Vegetationszyklus. Bei kräftigen, zähen Unkräutern (Ackerwinde, Brennnessel, Distel) sollten Sie immer am Ball bleiben.

- Von den Bekämpfungsmitteln ist Schneckenkorn auf Metaldehyd-Basis gut wirksam, es kann aber eine Gefahr für Haustiere und wildlebende Säugetiere darstellen. Vorzugsweise sollten Sie Schneckenkorn auf Eisenphosphat-Basis (Ferramol®) verwenden, es ist ungiftig und auch im ökologischen Land- und Gartenbau zugelassen.
- Neuerdings gibt es auch vielversprechende biologische Mittel. *Phasmarhabditis hermaphrodita* ist ein mikroskopisch kleiner Fadenwurm, der sich in der Nacktschnecke einnistet, sie am Fressen hindert und innerhalb von sieben bis 21 Tagen tötet.

UNKRAUT NACHHALTIG BEKÄMPFEN

Unkräuter sind Pflanzen, die mit anderen in Nahrungskonkurrenz stehen oder ihnen den Platz streitig machen. Sie sind entweder schon vorhanden oder werden vom Wind oder von Vögeln in den Garten eingeschleppt, wo sie sich zwischen den Gemüsekulturen ausbreiten.

Die mit Gras bewachsenen und sorgfältig gemähten Mittelwege sollten kein Problem darstellen, solange Sie die dort wachsenden Gräser nicht blühen und Samen bilden lassen. Stechen Sie die Kanten regelmäßig mit dem Spaten ab. Nicht bepflanzte Wege können Sie mit einer dicken Schicht Holzspäne bedecken, sie unterdrückt Unkräuter, und der Boden trocknet nicht so schnell aus.

Ansonsten hilft die manuelle Unkrautbeseitigung: Gehen Sie regelmäßig mit der Unkrauthacke oder dem Grubber durch die Reihen. Die meisten Pflanzen sterben ab, wenn sie von der Unkrauthacke gekappt werden. Aus leichten, gut gemulchten Böden lassen sich junge Pflanzen problemlos mit der Hand herausziehen.

Die thermische Unkrautbekämpfung nutzt heißen Dampf, um die unerwünschten Pflanzen zu beseitigen. Pflanzen, die schon tiefe Wurzeln gebildet haben, überleben jedoch möglicherweise. Es gibt Handgeräte, für den Gemüsegarten ist das Verfahren aber eher ungeeignet.

Aktivitäten im Gartenjahr

Mit einem Garten erleben Sie die Jahreszeiten und das Wetter besonders intensiv. Wie in der Natur können Sie auch an Ihren Gemüsekulturen die verschiedenen Stadien der Vegetation erleben, vom Keimen über das üppige Wachstum, die Fruchtbildung und die Ernte bis hin zur Ruhephase im Winter.

Der Gemüsegarten im Winter (Januar bis März)

Es ist Winter, die Tage sind kurz, die Fröste intensiv. Die Kälte nützt dem Gärtner in vielerlei Hinsicht. Das gefrierende Wasser im Boden bricht die Erdbrocken zu kleinen Krümeln (Frostgare). Der Frost vernichtet auch etliche Parasiten und Unkräuter – obwohl viele Arten Überdauerungsformen ausbilden, denen auch starker Frost nichts ausmacht (Sklerotien, Sporen, Eier). Dem Boden verschafft der Winter eine Ruhepause.

Gründünger einarbeiten

1. Wenn der Gründünger noch kräftig ist, gehen Sie einmal mit dem Rasenmäher darüber, um die Pflanzen zu zerkleinern. So lässt er sich leichter in den Boden einarbeiten.

2. Arbeiten Sie das Ganze dann mit der Doppelgrabegabel oberflächlich ein.

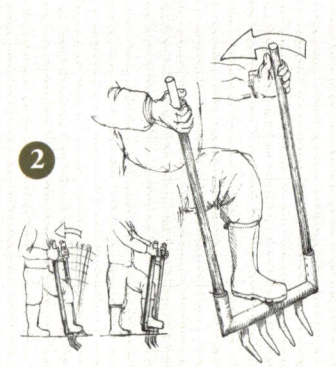

DAS GIBT'S ZU TUN

Der im vergangenen Herbst ausgebrachte Kompost hat den Boden angereichert. Reduzieren Sie jetzt die Arbeiten im Garten auf ein Minimum und vermeiden Sie es, auf dem gefrorenen oder nassen Boden herumzulaufen.

DEN BODEN VORBEREITEN

Bearbeiten Sie die Reihen, die je nach geplanter Kultur Kompost erhalten haben, mit dem Grubber, um die Oberfläche zu glätten. Der im Herbst gesäte Gründünger (eine Mischung aus Winterwicke und Buchweizen) hat mittlerweile einen Teppich gebildet, der den Boden schützt und anreichert. Es ist Zeit, ihn einzuarbeiten.

DIE AUSRÜSTUNG PFLEGEN

Im Winter ist Zeit, die Geräte und Hilfsmittel zu überprüfen und zu warten:

- Die Komposter sind jetzt zumindest teilweise leer, daher ist jetzt Gelegenheit, sie zu reparieren oder gegebenenfalls zu ersetzen. Kaufen oder bauen Sie neue, um für die nächste Saison gerüstet zu sein.
- Säubern Sie Ihre Handgeräte (Hacken, Rechen etc.) und glätten Sie die Stiele mit Schleifpapier. Vergewissern Sie sich, dass die Stiele festsitzen. Abgenutzte Stiele wechseln Sie aus.
- Säubern und schärfen Sie die Gartenscheren. Entrosten Sie sie vorsichtig und fetten Sie sie ein.
- Nehmen Sie sich auch die Zeit, die für die Aussaat vorgesehenen Töpfe und Schalen zu säubern und im Schuppen Inventur zu machen.

DIE KRÄUTER SCHÜTZEN

Winterharte Kräuter wie Thymian, Estragon und Sauerampfer brauchen einen Winterschutz, z. B. eine dicke Laubschicht. Überprüfen Sie die Schichten regelmäßig, vor allem wenn Ihr Garten sehr windexponiert ist und das Laub weggeblasen wird. In diesem Fall sollten Sie die Laubabdeckung mit Zweigen oder einem Netz sichern.

Die ersten Blätter erscheinen, sobald der Boden sich erwärmt. Decken Sie die Pflanzen ab und lassen Sie ihnen bis zur ersten Ernte Zeit sich zu entwickeln.

MEHRJÄHRIGE GEMÜSEPFLANZEN ÜBERPRÜFEN

Bei den Mehrjährigen passiert im Winter nicht viel. Überprüfen Sie regelmäßig die Abdeckungen (Laub und Stroh).

Die Artischocken haben Sie im Herbst zurückgeschnitten und mit Stroh abgedeckt. Entfernen Sie im März oder April die Abdeckung und schneiden Sie jeden zweiten Trieb heraus. Lassen Sie nur die jüngsten und kräftigsten stehen.

BEEREN VORBEREITEN

Überprüfen Sie regelmäßig die Abdeckungen (Laub und Stroh). Schneiden Sie die Sträucher. Der Winter ist auch die Zeit, Johannisbeer- und Himbeersträucher mit einem Insektizid auf Mineralölbasis zu behandeln. Gießen Sie die Sträucher in dem Moment, in dem die Knospen anzuschwellen beginnen, mit Bordeauxbrühe.

Bodenabdeckung im Winter

Eine Mulchschicht aus Stroh oder anderen Materialien hat zahlreiche Vorteile. Sie hindert das Unkraut am Wachstum, weil sie kein Licht durchlässt, reduziert die Frosteinwirkung auf den Boden, schützt ihn vor Erosion und verhindert, dass der Regen Nährstoffe auswäscht. Außerdem reichert sich so der Boden nach und nach mit organischem Material an.

Es gibt aber auch kleine Nachteile: Wird das Mulchmaterial sehr feucht, entsteht ein günstiges Milieu für Schnecken und Nagetiere. Sie sollten das Ganze also immer aufmerksam beobachten.

Schnitt eines Himbeerstrauchs

1. Entfernen Sie die Ruten oder Rutenenden, die Früchte getragen haben. Belassen Sie einige kräftige Triebe an jedem Strauch.

2. Binden Sie alle Ruten an das Drahtspalier.

*Lauch-
pflanze*

*Gründünger
und Kohl*

*Zwiebel-
saat*

*Lauch- und
Salatsaat*

*Pflanzung
von rosa
Knoblauch*

Feldsalat

*Salat
unter
Hauben*

Artischocken   *Rhabarber*   *Spargel*   *Johannisbeeren*   *Erdbeeren* *Himbeeren*

Samen testen

1. Legen Sie eine kleine Kunststoffschale mit saugfähigem Papier aus, das immer feucht sein sollte.

2. Legen Sie einige Körner aus der Tüte, deren Inhalt Sie testen wollen, auf das Papier. Stellen Sie die Schale in einem Innenraum ins Licht.

3. Wenn nach einigen Tagen ein Keim erscheint, können Sie den Samen aus dieser Tüte noch verwenden.

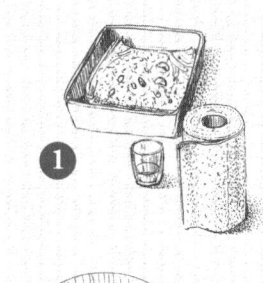

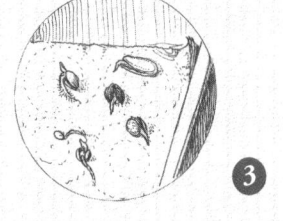

AUSSAAT UND PFLANZUNG

Nehmen Sie sich die Zeit, um Ihren Plan für das Jahr aufzustellen. Wenn Sie schon im Jahr zuvor Gemüse angebaut haben, denken Sie an die Fruchtfolge, also den Wechsel in den drei Beeten mit einjährigen Kulturen.

- Das Beet im Nordwesten wechselt nach Südwesten, das Beet im Südwesten wechselt nach Südosten und das Beet im Südosten nach Nordwesten.
- Das Beet mit den mehrjährigen Kulturen bleibt noch einige Jahre im Nordosten.

SAATGUT BESCHAFFEN

Machen Sie sich im Januar eine Liste mit Samen und Pflanzen, die Sie anbauen wollen, und kaufen Sie in Gartenmärkten, Gärtnereien, im Versandhandel oder im Internet ein. Kaufen Sie nur, was Sie wirklich brauchen – bei vielen Hobbygärtnern bleibt jede zweite Samentüte ungeöffnet. Testen Sie noch vorhandenes Saatgut (s. Kasten). Fällt der Test negativ aus, müssen Sie das Tütchen wegwerfen.

DER IDEALE ZEITPUNKT FÜR DIE AUSSAAT

Jedes Saatgut hat spezifische Anforderungen an die Temperatur.

- Zwiebeln und Rettiche keimen bei 10 °C.
- Karotten, Salat, Erbsen und Kohl brauchen Temperaturen von 10 bis 12 °C.
- Sellerie, Tomaten, Gurken und Melonen keimen ab 15 bis 18 °C gut.
- Manche Kulturen, z. B. Auberginen, brauchen mindestens 18 °C.

Es bringt also nichts, zu früh auszusäen. Wenn die Bedingungen gut sind, holt die Pflanze ihren Wachstumsrückstand schnell auf. Hat sie aber einen schlechten Start, bleibt sie möglicherweise lange Zeit schwach und kümmert. Säen Sie ein zweites Mal aus, wenn die erste Saat schlecht aufgeht.

SÄEN UND PFLANZEN

- **Ins Freiland oder unter Folie:** Lauch, Rettich und Radieschen, frühe Salate, Kohl, rosa Knoblauch kommen je nach Datum, Wetterlage und Region ins Freiland oder unter Folie.
- **In Anzuchtschalen oder unter Folie:** Tomaten, Paprika.

KARTOFFELN VORKEIMEN

Legen Sie die Pflanzkartoffeln nebeneinander in eine Stiege, die an einem hellen Ort steht.

KRÄUTER FÜR DEN WINTER

Pflanzen Sie einige Kräuter (Petersilie, Thymian, Schnittlauch) in Töpfe, die Sie aufs Fensterbrett oder an einen anderen hellen Ort stellen. Sie werden weniger üppig wachsen als im Freiland und in der warmen Jahreszeit, aber Sie können immer noch genug ernten, um Ihre winterlichen Gerichte zu würzen.

Schnittlauch teilen

1. Graben Sie die Schnittlauchpflanze mit der Grabegabel aus.

2. Teilen Sie die Pflanze in drei oder vier Teile und kürzen Sie die Blätter.

3. Pflanzen Sie in gut vorbereiteten und bewässerten Boden aus.

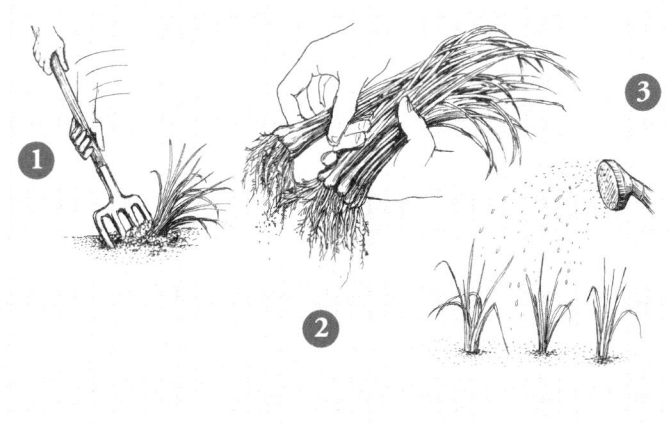

Rosa Knoblauch pflanzen

1. Bearbeiten Sie den Boden mit dem Grubber, um Kompost einzuarbeiten.

2. Spannen Sie eine Schnur und ziehen Sie eine 4 cm tiefe Furche.

3. Legen Sie die Knoblauchzehen im Abstand von 10 cm aus und füllen Sie die Furche mit Erde.

4. Gießen Sie mit aufgesteckter Brause.

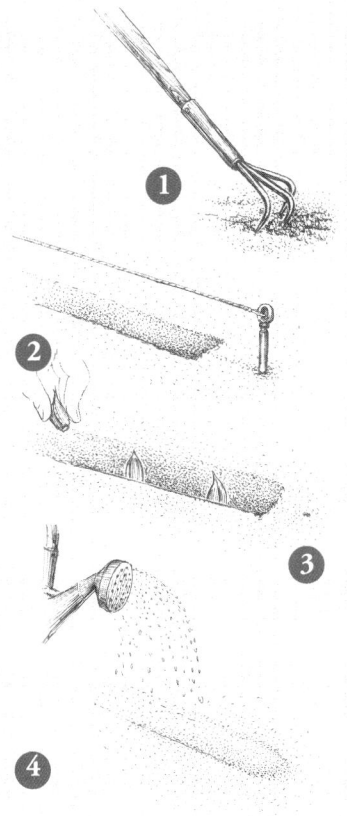

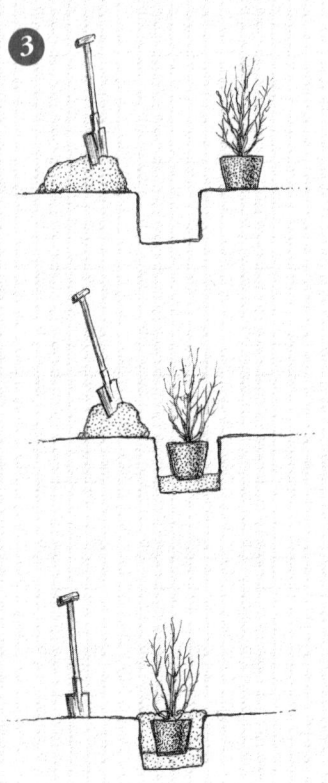

Beerensträucher pflanzen (Johannisbeere, Himbeere)

1. Kürzen Sie die Wurzeln des neuen Strauchs ein.

2. Tauchen Sie die Wurzeln in eine Mischung aus Lehmerde, Wasser und Kuhmist.

3. Setzen Sie den Strauch in ein 40 cm tiefes und breites Loch, in das Sie zuvor eine Handvoll Langzeitdünger gegeben haben.

Mehrjährige Gemüse und Beeren

Mehrjährige wie Artischocken, Rhabarber und Spargel können Sie im März pflanzen, den Grünen Spargel pflanzen Sie von März bis Mai. Beerensträucher mit oder ohne Erdballen kommen in frostfreien Perioden in die Erde.

ERNTEN IN DER KALTEN JAHRESZEIT

Trotz Kälte und Frost gibt es im Garten noch Gemüse. Lauch vom Vorjahr, Wirsing und Rosenkohl, Winterendivien und Feldsalat halten auch stärkeren Frost aus. Lauch und Kohl schützen Sie mit einer Strohschicht. Wenn Sie im März noch große Lauchstangen haben, sollten Sie diese am Ende der Reihe dicht an dicht in einen Graben pflanzen und mit Laub bedecken (einschlagen), um den Platz im Beet freizumachen. Der Lauch hält sich so mehrere Wochen.

In den Mittelreihen steht noch viel Feldsalat, der nicht kälteempfindlich ist, außerdem einige Wintersalate. Überall sonst haben Sie Kompost ausgebracht und eingearbeitet. Wenn Sie Gemüse im Keller eingelagert haben, schützen Sie es vor allem vor Nagetieren, indem Sie Mausefallen aufstellen. Jetzt sollten Sie die letzten Kartoffeln, Karotten, Pastinaken und Schwarzen Rettiche verbrauchen. Kürbisse halten sich an einem kühlen und trockenen Ort bis zum Frühjahr, vorausgesetzt die Früchte sind unversehrt.

Der Chicorée treibt auf vollen Touren. Denken Sie daran, das Substrat leicht feucht zu halten, und ernten Sie einzelne Blätter, damit Sie länger etwas von den Sprossen haben.

Salat mit Hauben abdecken

Die Wintersalate wachsen noch einmal kräftig. Fördern Sie die Bildung neuer, zarter Blätter, indem Sie den Salat mit einer Haube abdecken.

Der Gemüsegarten im Frühjahr (April bis Juni)

Jetzt ist die wichtigste Zeit für das Säen und Pflanzen. Eine Kultur, der Sie zu einem guten Start verhelfen, wird Sie mit reichen Erträgen belohnen. Am wichtigsten ist es, dass Sie zu Beginn regelmäßig gießen und jäten. Wenn die Saat gar nicht oder nur kümmerlich aufgeht, sollten Sie schnell neu aussäen oder, wenn das möglich ist, Jungpflanzen setzen.

DAS GIBT'S ZU TUN

Investieren Sie jetzt einige Stunden pro Woche in Ihren Gemüsegarten. So schaffen Sie ideale Voraussetzung für einen guten Start in die Saison.

DIE WEGE ERNEUERN

Wenn ihr Boden durchlässig ist und wenig Ton enthält, sollten Sie auf den Wegen Gras säen. Einmal ausgesät, steht er mehrere Jahre. Sie brauchen lediglich regelmäßig zu mähen, am besten immer zusammen mit dem Rasen. Die Gräser auf den Wegen bieten einer ganzen Reihe nützlicher Insekten Schutz. Außerdem trägt das Gras dazu bei, dass ein feuchtes Milieu bestehen bleibt.

Wenn Ihr Boden ausgesprochen schwer und klebrig ist, verschlimmert der Druck von Stiefeln oder Schubkarrenreifen die ganze Sache noch. In diesem Fall sollten Sie die Wege mit Rindenmulch bedecken.

DEN BODEN VORBEREITEN

Wenn Sie den Boden im Herbst gründlich umgegraben und gut mit Kompost angereichert haben, reicht es, wenn Sie ihn immer, bevor Sie etwas säen oder pflanzen, mit dem Grubber lockern. Gönnen Sie jeder Gemüsekultur außerdem beim Säen oder Pflanzen eine Handvoll organischen Langzeitdünger pro Quadratmeter.

Bearbeiten Sie den Boden zwischen den Reihen mit Knoblauch, Salat und Zwiebeln jede Woche mit dem Grubber oder der Unkrauthacke, die übrigen bepflanzten Beete je nach Entwicklungsstand der jeweiligen Pflanzen. Damit belüften Sie den Boden und entfernen Unkräuter.

Paprika

Tomaten

Endivien

Kartoffeln

Erbsen

Grüne Bohnen

Bohnen zum
Aushülsen

Kletterbohnen
und Mais

Lauch

Zwiebeln

Salat

Kohl

Ausgesäter Salat

Salat

Knoblauch

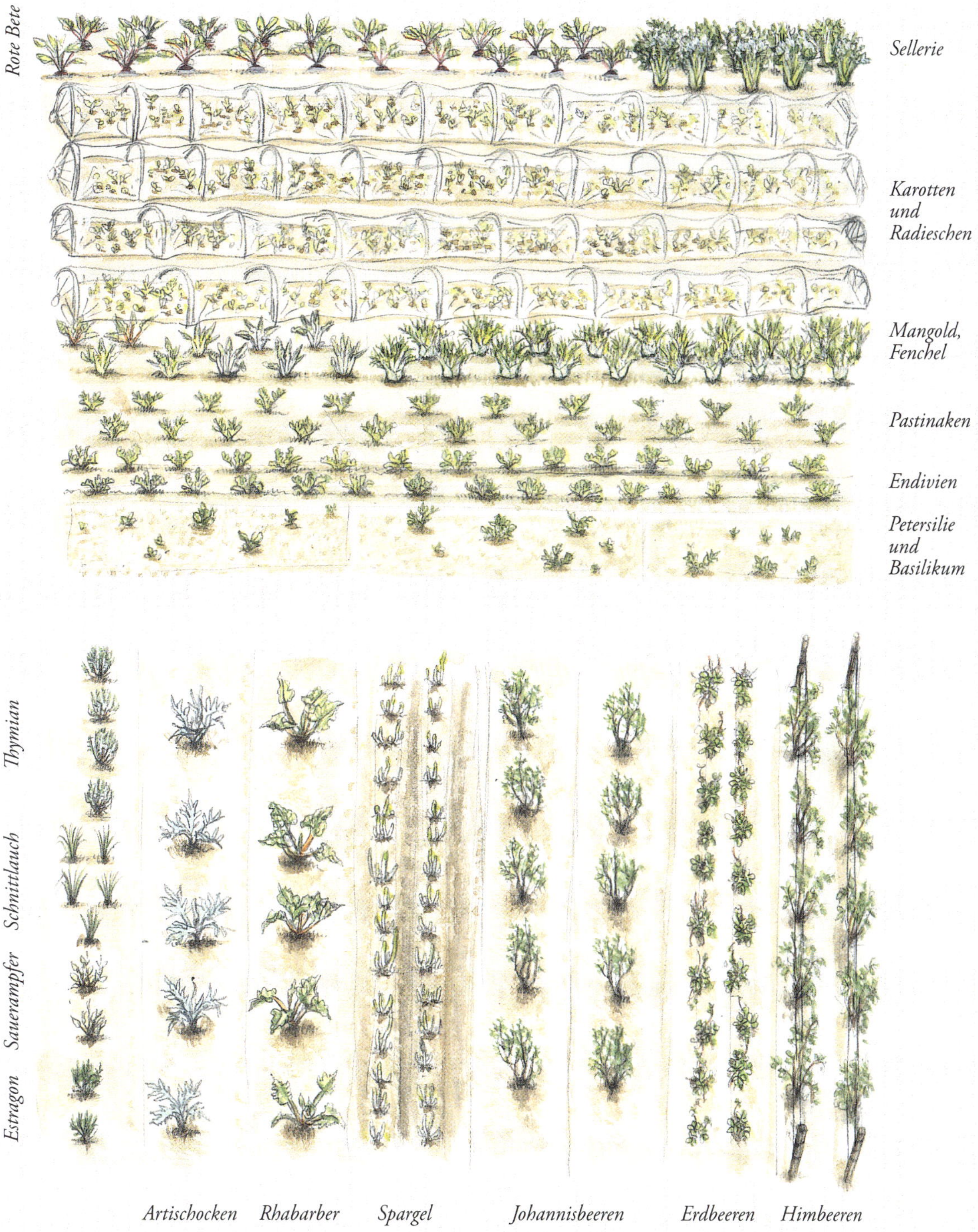

Rote Bete

Sellerie

Karotten
und
Radieschen

Mangold,
Fenchel

Pastinaken

Endivien

Petersilie
und
Basilikum

Thymian

Schnittlauch

Sauerampfer

Estragon

Artischocken   Rhabarber   Spargel   Johannisbeeren   Erdbeeren   Himbeeren

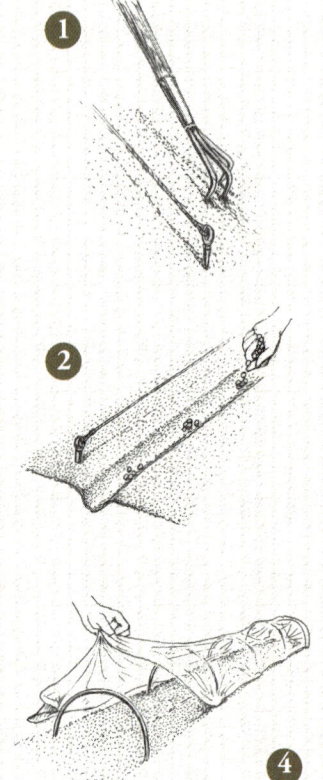

Erbsen im Folientunnel aussäen

1. Grubbern Sie die Fläche und spannen Sie eine Schnur.

2. Legen Sie im Abstand von 30 cm jeweils mehrere Samenkörner in eine Furche.

3. Installieren Sie die Tunnelbügel.

4. Spannen Sie die Folie über die Bügel.

BEI BEDARF BEWÄSSERN

Im Frühjahr gibt es ausreichend Tauwasser und Regen, sodass Sie normalerweise nicht zusätzlich zu bewässern brauchen. Gießen Sie aber nach jeder Aussaat und wenn es länger als zwei Wochen nicht geregnet hat.

DEN KRÄUTERN DEN BODEN BEREITEN

Hacken und jäten Sie um die Kräuter und den Rhabarber herum.

DIE BEEREN VERSORGEN

- **Erdbeeren:** Mulchen Sie mit Stroh und entfernen Sie zu kräftige Ableger. Die ersten Beeren erscheinen je nach Sorte und Region im Mai oder Juni. Lassen Sie zwischen den Erdbeeren Borretsch oder Ringelblumen wachsen, sie locken Nützlinge an.
- **Johannisbeeren:** Achten Sie darauf, den Pflanzenfuß sauber und kühl zu halten, entweder durch regelmäßiges Jäten oder durch eine dicke Strohschicht.
- **Himbeeren:** Binden Sie Blüten tragende Ruten am Drahtspalier fest.

AUSSAAT UND PFLANZUNG

In vielen Regionen können Sie jetzt schon ins Freiland aussäen, eine schützende Abdeckung oder ein Folientunnel ist aber unverzichtbar, solange noch Frost zu erwarten ist. Das ist oft bis in den Mai hinein der Fall. Vlies- oder Folienabdeckungen lassen Luft an die Sämlinge und schützen sie vor Kälte. Ungeschützt würden die jungen Sämlinge dem Frost zum Opfer fallen.

Folientunnel sind etwas aufwändiger aufzubauen. Achten Sie darauf, sie bei klarem Wetter und Sonnenschein in der Tagesmitte zu belüften. Andernfalls gehen Ihre Sämlinge zwar nicht durch Frost ein, aber womöglich durch Überhitzung.

JETZT WIRD GESÄT

- **Geschützt:** Die Kulturen, die am kälteempfindlichsten sind, säen Sie geschützt aus, etwa in Schalen oder in Folientunneln. Säen Sie Gurken, Zucchini, Melonen und Kürbisse in Töpfe und stellen Sie diese ins Frühbeet oder in ein Minigewächshaus. Wählen Sie bei Erbsen eine kletternde Sorte, die leicht zu ernten ist, oder eine Zuckererbse, deren Hülsen im Ganzen essbar sind.

- **Ins Freiland:** Sobald sich der Boden erwärmt hat, kommen Busch- und Kletterbohnen (mehrere Samenkörner je Saatloch), Radieschen, Karotten, Endivien, Pastinaken, Petersilie, Koriander in den Boden.

Radieschen aussäen

1. Spannen Sie eine Schnur.

2. Glätten Sie die Oberfläche mit dem Grubber und ziehen Sie eine Rille.

3. Säen Sie in Reihen aus, verschließen Sie die Rille und gießen Sie die Saat.

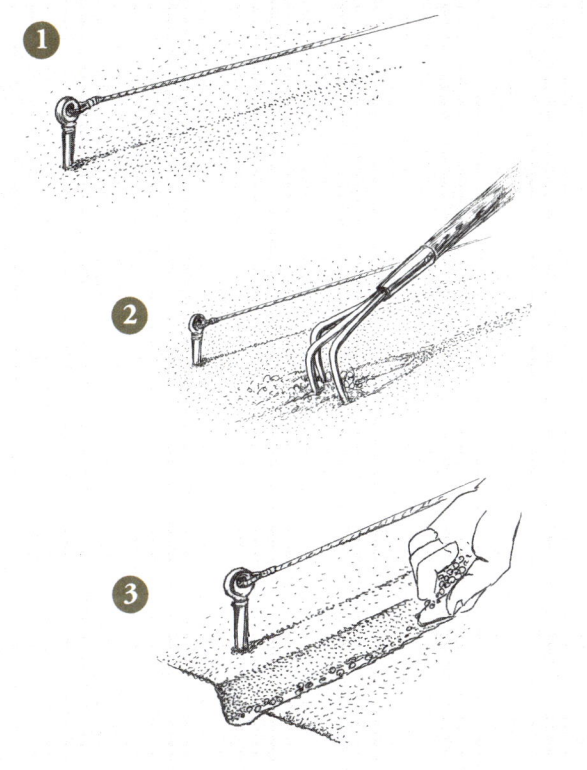

Basilikum in Schalen säen

1. Füllen Sie die Anzuchtschale mit gesiebter Erde. Streuen Sie den Samen aus.

2. Gießen Sie vorsichtig und setzen Sie den Deckel auf.

FRÜHJAHR IST PFLANZZEIT

Dazu brauchen Sie je nach Größe der Pflanzen entweder einen Pflanzer (ein zylinderförmiges, vorn spitz zulaufendes Gerät, mit abgeknicktem oder geradem Griff) oder eine Pflanzkelle (kleine Schaufel). Achten Sie immer darauf, nach dem Pflanzen zu gießen, damit die Erde alle Hohlräume ausfüllen kann.

- **Tomaten (und Paprika):** Setzen Sie die im März in Schalen gesäten Tomaten in Töpfe um und kaufen Sie ein paar Pflanzen dazu. Bauen Sie verschiedene Sorten an, das ist vielseitiger und eine gute Maßnahme, um Krankheiten vorzubeugen. An ihren endgültigen Platz im Freiland können Sie die Pflanzen ab Mai umsetzen. Stecken Sie dabei gleich eine Tomatenspirale in den Boden.
- **Rote Bete, Fenchel, Mangold und Sellerie:** Kaufen Sie lose Pflanzen mit kleinem Wurzelballen oder Töpfe. Tauchen Sie die kleinen Wurzelballen vor dem Auspflanzen einige Minuten ins Wasser, damit sie gut durchfeuchtet werden. Bringen Sie pro Quadratmeter Fläche eine Handvoll Langzeitdünger aus. Dann den Boden mit dem Grubber belüften und die Pflanzen einsetzen. Gießen Sie großzügig.
- **Kartoffeln:** Die in Kisten vorgekeimten Pflanzkartoffeln dürfen jetzt ins Freiland, und zwar in der

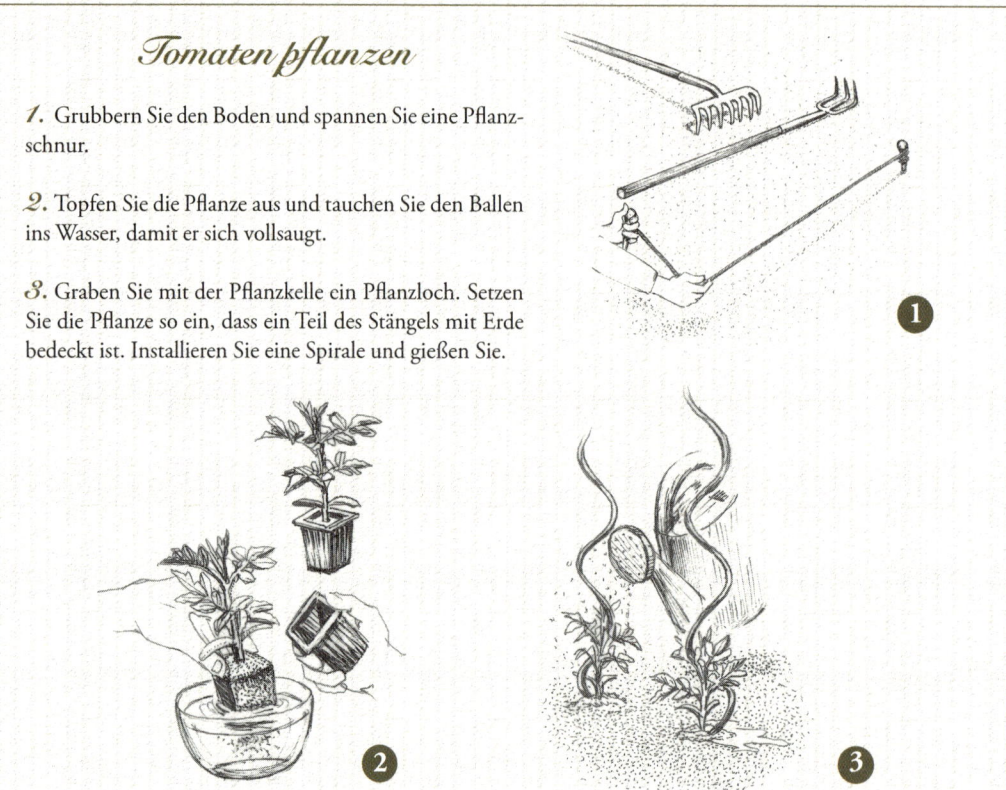

Tomaten pflanzen

1. Grubbern Sie den Boden und spannen Sie eine Pflanzschnur.

2. Topfen Sie die Pflanze aus und tauchen Sie den Ballen ins Wasser, damit er sich vollsaugt.

3. Graben Sie mit der Pflanzkelle ein Pflanzloch. Setzen Sie die Pflanze so ein, dass ein Teil des Stängels mit Erde bedeckt ist. Installieren Sie eine Spirale und gießen Sie.

Regel zur Zeit der Fliederblüte. Bereiten Sie den Boden sorgfältig vor und legen Sie die Knollen aufrecht in die Furche, ohne die Keime zu beschädigen. Einen Monat später, wenn die Pflanzen ca. 30 cm hoch sind, beginnen Sie mit dem Anhäufeln. Pflanzen Sie einige Knollen einer frühen Sorte, die schon im Juni auf den Tisch kommen kann, und Lagerkartoffeln auf der restlichen Fläche.

- **Kohl:** Pflanzen Sie Kohl für die Ernte im Sommer und Herbst. Die anderen Kohlarten (Wirsing, Rosenkohl) kommen bis in den August hinein ins Beet, sobald eine Reihe Salat abgeerntet ist.
- **Kürbisse:** Sie werden im zeitigen Frühjahr in Töpfe gesät und im Frühbeet oder Minigewächshaus vorgezogen. Auspflanzen können Sie sie genau wie Zucchini, Gurken und Melonen im Mai oder Juni.
- **Salat:** Pflanzen Sie die im März gesäten Frühlingssalate ins Freiland um und setzen Sie bei Bedarf einige Romana-, Eichblatt- und Bataviasalatpflanzen aus der Gärtnerei dazu. Mit der Zeit wird es Ihnen zur Gewohnheit werden, überzählige Salatpflanzen überall dort auszupflanzen, wo Platz dafür ist. Es gibt keine Kulturunverträglichkeiten, und dank seines schnellen Wachstums kann Salat auch zwischen Tomaten, Zucchini oder Kartoffeln stehen.

Kartoffeln pflanzen

1. Lockern Sie den Boden und spannen Sie eine Pflanzschnur. Legen Sie mit der Kombi- oder Unkrauthacke eine ca. 10 cm tiefe Furche an.

2. Legen Sie die vorgekeimten Pflanzkartoffeln in die Furche.

3. Schließen Sie die Furche mit der Hacke.

4. Bewässern Sie die Knollen.

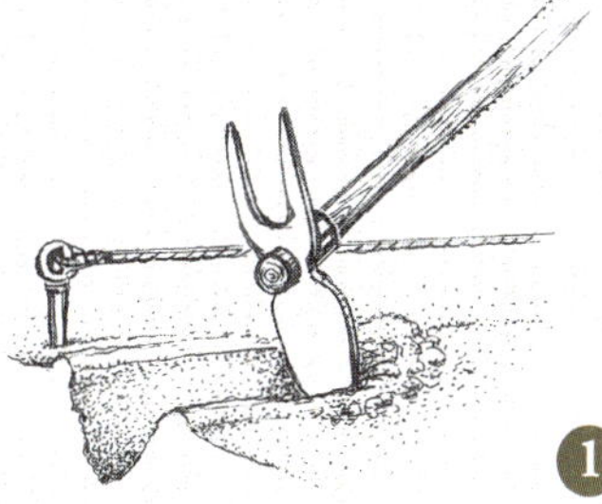

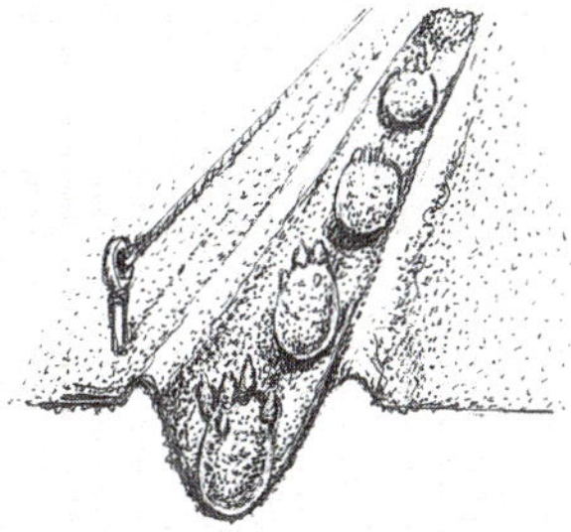

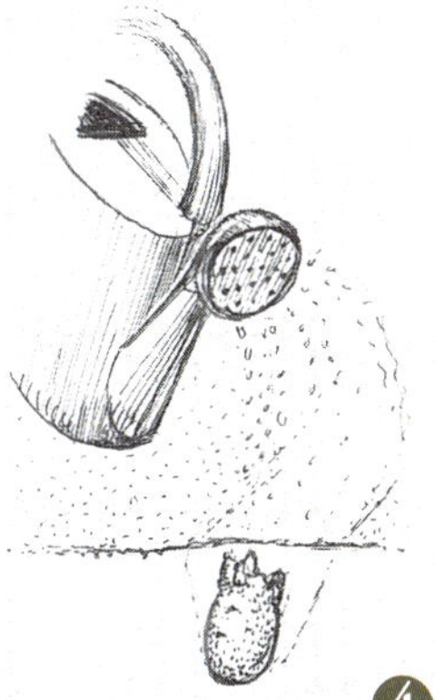

Lauch pflanzen

1. Grubbern Sie den Boden und spannen Sie eine Pflanzschnur. Kürzen Sie Wurzeln und Blätter ein. Tauchen Sie die Pflanze in leicht gechlortes Wasser, das schreckt Motten ab.

2. Setzen Sie die Pflanzen mithilfe eines Pflanzers in 10 cm Abstand. Bewässern Sie mit der Brause.

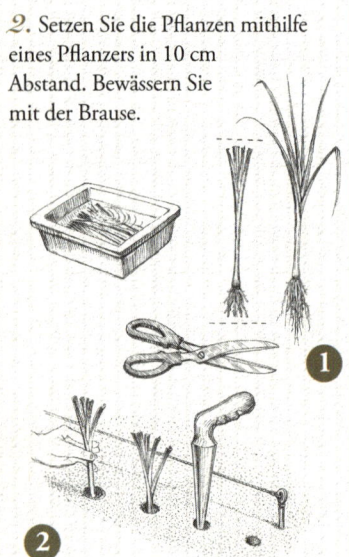

• **Lauch:** Pflanzen Sie den im Februar gesäten Lauch um oder kaufen Sie 50 Pflanzen, die Sie im Abstand von 10 cm setzen. Häufeln Sie je nach Entwicklungsstand der Pflanze an, sodass sich schöne weiße Schäfte bilden. Mulchen Sie mit Stroh, das verringert den Wasserbedarf und schützt später im Jahr vor Kälte.

DIE ERSTEN ERNTEN

Ab Mai ist es soweit: Frühlingssalate und Radieschen können Sie jetzt ernten, ab Juni Karotten, grünen Spargel, Erbsen und Frühkartoffeln. Kontrollieren Sie den Reifezustand der Artischockensorten – sie sollten möglichst jung auf den Tisch. Beim grünen Spargel gibt es erst nach drei Jahren die erste richtige Ernte. Entfernen Sie in den ersten Jahren immer nur eine von zwei oder drei Stangen, das kräftigt die Pflanze. Bei den Kräutern können Sie jetzt schon Sauerampfer, Schnittlauch, Thymian und Estragon ernten.

Salat umpflanzen

1. Bereiten Sie die Pflanzreihe mit dem Grubber vor. Entfernen Sie Unkräuter und lockern und zerkleinern Sie die Erde.

2. Graben sie dort, wo die Sämlinge am dichtesten stehen, die größten aus, am besten geht das mit der Pflanzkelle.

3. Spannen Sie eine Pflanzschnur. Dann legen Sie die Pflanzen im Abstand von 20 bis 30 cm zunächst einfach auf den Boden.

4. Pflanzen Sie den Salat mithilfe des Pflanzers ein. Mit feinem Strahl bewässern.

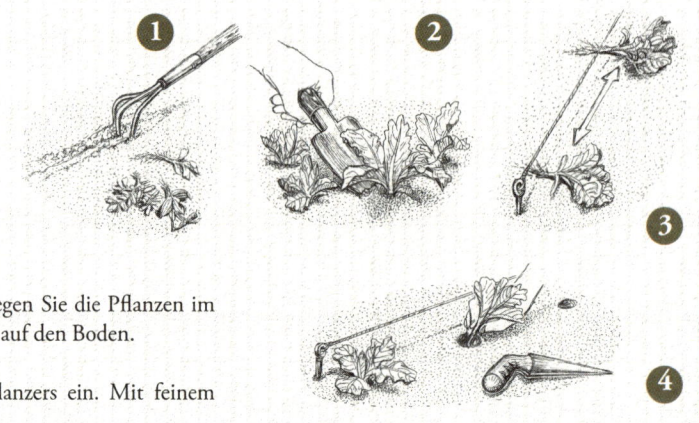

Der Gemüsegarten im Sommer (Juli bis September)

Jetzt läuft die Ernte auf Hochtouren. Wenn Sie wegfahren, bitten Sie jemanden, für Sie einzuspringen, denn nur wenn Bohnen, Tomaten, Gurken, Zucchini oder Himbeeren rechtzeitig geerntet werden, sind der Gesamtertrag und auch die Qualität der Früchte und Gemüse am höchsten.

DAS GIBT'S ZU TUN

BEWÄSSERN UND JÄTEN

- **Die Bewässerung** ist jetzt sehr aufwändig, vor allem wenn Sie noch kein Tropfbewässerungssystem installiert haben. Dafür legen Sie je nach Kultur- und Wetterentwicklung einen Hauptschlauch auf die Mittelwege. Davon gehen im rechten Winkel Tropfrohre ab, eines pro Gemüsereihe. Kontrollieren Sie das System regelmäßig, um verstopfte Rohre aufzuspüren und die Wassermenge zu regulieren. Mangelt es an Wasser (z.B. bei Bewässerungsverboten oder -einschränkungen), können Sie mit viel Stroh mulchen, um die Verdunstung zu begrenzen. Ein weiterer Vorteil des Mulchens ist, dass Sie nicht mehr so viel und oft jäten müssen.
- **Jäten:** Es lohnt sich, regelmäßig mit der Unkrauthacke oder dem Grubber durch die Reihen zu gehen, so wird das Unkraut gar nicht erst groß. Lassen Sie keine Fläche unbebaut. Pflanzen Sie z.B. in frei gewordene Reihen weitere Salatpflanzen.

SCHNEIDEN UND STÜTZEN

- **Ausgeizen der Tomatenpflanzen:** Diese Arbeit steht an, solange die Pflanze trägt, außer bei Sorten mit „begrenztem Wuchs", die zu einem bestimmten Zeitpunkt aufhören zu treiben. Die meisten Sorten aber sind Stabtomaten, die unbegrenzt wachsen. Entfernen Sie die jungen Seitentriebe, die sich in den Blattachseln bilden. Den Haupttrieb legen Sie vorsichtig um die Tomatenspirale, ein Anbinden ist nicht nötig.
- **Melonen, Kürbisse, Zucchini und Gurken schneiden:** Als Faustregel gilt, dass der Haupttrieb und die Seitentriebe nach dem Fruchtansatz bis auf zwei bis vier Blätter eingekürzt werden. Je mehr Früchte die Pflanze trägt, desto kleiner werden sie. Beachten Sie zusätzlich eventuelle Sortenhinweise.

Tomaten ausgeizen und stützen

1. Wenn die Pflanze 30 bis 40 cm hoch ist, wählen Sie den stärksten Trieb als Hauptstamm aus. Schneiden Sie alle anderen Triebe mit der Gartenschere am Fuß der Pflanze ab.

2. Geizen Sie regelmäßig aus, d. h. entfernen Sie mit der Hand die kleinen Seitentriebe in den Blattachseln.

3. Wickeln Sie den Hauptstamm vorsichtig immer weiter um die Tomatenspirale, ohne ihn anzubinden.

Paprika

Tomaten

Endivien

Kartoffeln

Wintersalat

Grüne Bohnen

Bohnen zum Aushülsen

Kletterbohnen und Mais

Lauch

Brokkoli

Salat

Wirsing

Rosenkohl

2 Zucchini

2 Melonen

Gurken

1 Kürbis   *1 Hokkaidokürbis*

Rote Bete

Sellerie

Feldsalat

Radieschen, Rettich

Lauch und Karotten

Mangold und Fenchel

Pastinaken

Endivien

Basilikum

Petersilie

Koriander

Thymian

Schnittlauch

Sauerampfer

Estragon

Artischocken Rhabarber Spargel Johannisbeeren Erdbeeren Himbeeren

AUSSAAT UND PFLANZUNG

INS FREILAND SÄEN

- **Salat** (Sommer-, dann Wintersorten) kommt dorthin, wo vorher die frühen Erbsen standen, danach (im September) an den Standort der Buschbohnen.
- **Feldsalat** nimmt den Platz der frühen Karotten ein.
- **Schwarze oder Winterrettiche** (vom Typ 'Chinese Rose') säen Sie im August und bis in den September hinein, so können Sie vor dem ersten Frost ernten.

PFLANZEN FÜR DIE KALTE JAHRESZEIT

- **Winterkohl** (Wirsing, Brokkoli und Rosenkohl) nimmt den Platz der Frühlingssalate ein.

Kohl pflanzen

Wählen Sie gekaufte oder vorgetriebene Pflanzen mit gut ausgebildeten, dichten Wurzeln. Wenn die Wurzeln sehr fein sind, sollten Sie die Pflanzen einsetzen und nach einem Monat umpflanzen.

1. Ziehen Sie mit einer Kombihacke eine 20 cm tiefe Furche.

2. Bohren Sie mit dem Pflanzer ein Loch pro Pflanze und setzen Sie die Pflanze hinein.

3. Heben Sie die Pflanze leicht an und halten Sie sie ganz senkrecht. Stechen Sie den Pflanzer neben dem Pflanzloch ein und drücken Sie damit die Erde gegen die Pflanze, um sie zu stabilisieren. Gießen Sie.

4. Hacken Sie zwei Wochen nach dem Pflanzen und häufeln Sie die Pflanze an.

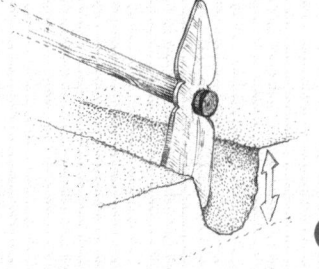

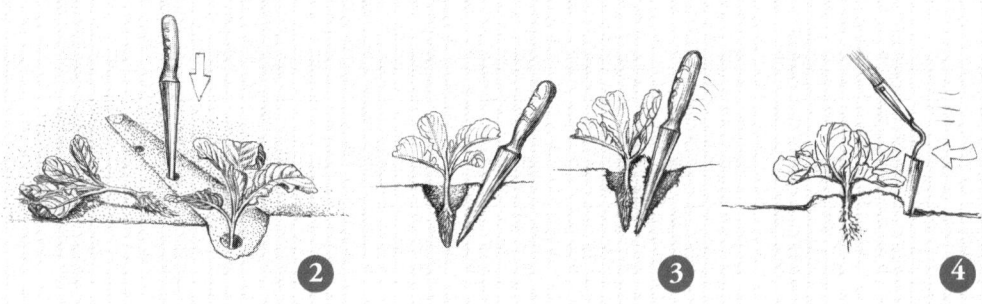

REICHHALTIGE SOMMERERNTE

- **Rosa Knoblauch:** Er ist schon schön gewachsen, je nach Bedarf können Sie ihn jetzt „grün" genießen. Wollen Sie ihn haltbar machen, lassen Sie ihn vollständig ausreifen. Ziehen Sie die Pflanzen heraus, wenn die Blätter langsam trocken werden. Lassen Sie die Pflanzen einige Stunden auf dem Boden liegen und lagern Sie sie dann an einem luftigen Ort, entweder in Stiegen oder hängend. Entfernen Sie nach einigen Tagen die Erde und schadhafte Blätter. Flechten Sie Knoblauchzöpfe, die in der Küche oder im Keller vollständig trocknen können.

- **Bohnen:** Neu gezüchtete grüne Bohnen sind fadenlos. Sie sollten jung geerntet werden, bevor sie zu groß sind. Wenn Sie alle drei bis vier Tage pflücken, ist das ein guter Rhythmus. Halbtrockene Bohnen ernten Sie, wenn die Hülse noch frisch aussieht, aber langsam gelb wird, und wenn die Kerne sich vollständig abzeichnen und gut auslösen lassen. Essen Sie sie frisch oder frieren Sie die Ernte ein. Für Trockenbohnen reißen Sie die Pflanze vollständig heraus und hängen sie kopfüber zum Trocknen auf. Legen Sie die trockenen Pflanzen dann auf ein großes Tuch. Mit einer Schaufel oder einem Schlagholz als Dreschflegel lösen Sie die Kerne von den Hülsen.

- **Zuckermais:** Ernten Sie, wenn die voll ausgebildeten Körner unter Druck einen milchigen Saft absondern. Die Kolben sollten noch senkrecht stehen. Sie können die Kolben im Ganzen grillen, aber auch die abgelösten Körner einfrieren. Popcorn-Mais ernten Sie erst, wenn der Kolben ganz trocken und umgeknickt ist. Lagern Sie die Körner trocken.

- **Karotten:** Ernten und verzehren Sie zuerst die frühen Sorten, dann die späteren. Ernten Sie so, dass die Reihe ausgelichtet wird und alle 5 cm eine Karotte stehen bleibt. Karotten können bis zum ersten Frost im Boden bleiben. Wenn Sie einige Lauchpflanzen zu viel haben, können Sie diese zwischen die Karotten setzen; sie schützen sich gegenseitig vor Schädlingen.

- **Zucchini und Gurken:** Ernten Sie nach Bedarf, lassen Sie die Früchte aber nicht zu groß werden. Kleine Zucchini sind roh und gekocht ein Genuss.

- **Kürbisse:** Schneiden Sie die Triebe zurück. Legen Sie ein Brett oder Stroh unter die Früchte, damit sie sauber und gesund bleiben.

- **Mangold:** Ernten Sie einzelne Blätter je nach Bedarf. Schneiden Sie die Stiele am Fuß sauber ab, ohne das darunterliegende Blatt zu verletzen. Die Pflanze treibt immer wieder neue Blätter, so können Sie eine ganze Weile ernten.

- **Artischocken:** Ernten Sie die Blütenstände jung, bevor sie sich öffnen. Lassen Sie einige Blüten ausreifen: Sie sind essbar, sehen schön aus und beherbergen Nützlinge.

Kartoffeln ernten

Verwenden Sie eine spezielle Kartoffelhacke oder, wenn Sie die nicht besitzen, eine Grabegabel. Das Ziel besteht darin, keine Knolle zu verletzen und keine einzige im Boden zu lassen.

1. Ziehen Sie an der Pflanze und heben Sie die Knollen mit der Kartoffelhacke aus dem Boden.

2. Lassen Sie die Knollen einige Stunden in der Sonne liegen, damit sie trocknen.

3. Sortieren Sie nach dem Einsammeln fleckige oder beschädigte Knollen aus. Diese werden entsorgt oder schnell verbraucht.

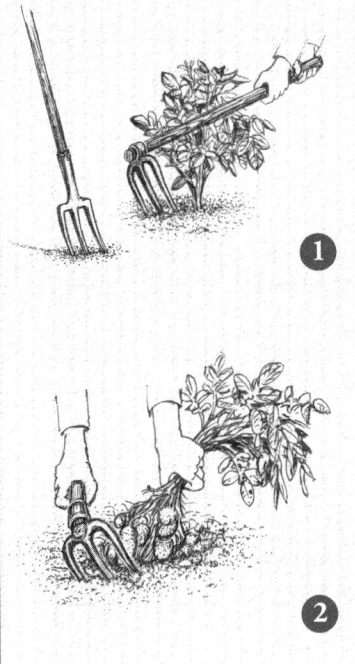

- **Kartoffeln:** Sie sind erntereif, sobald das Kraut trocken wird. Stechen Sie die Kartoffelhacke oder die Grabegabel vorsichtig zwischen den Pflanzen ein. Arbeiten Sie so, dass Sie die noch nicht ausgegrabenen Pflanzen in der Reihe vor sich haben.
- **Melonen:** Kontrollieren Sie den Reifezustand und ernten Sie, wenn der Fruchtstiel trocken wird.
- **Sellerie:** Selleriestangen lassen sich einzeln ernten, je nach Bedarf.
- **Endivien:** Verbrauchen Sie zuerst die jungen Pflanzen, um die Reihe auszulichten. Die übrigen Köpfe haben dann genug Platz und Zeit zum Wachsen.
- **Rhabarber:** Ernten Sie nie alle Stangen auf einmal, immer nur jede zweite oder dritte. Dadurch wird die Pflanze nicht erschöpft.
- **Kräuter:** Petersilie, Basilikum, Estragon, Koriander und Thymian ernten Sie je nach Bedarf. Wenn die Pflanzen zu groß werden, können Sie einige Kräutersträußchen binden, trocknen und in Gläsern für den Winter aufbewahren. Schnittlauch muss regelmäßig geschnitten werden, das fördert die Bildung neuer Blätter und verhindert die Blütenbildung.
- **Beeren:** Der Sommer ist auch die Erntezeit für Erdbeeren, Johannis- und Himbeeren. Johannisbeersträucher ernten Sie per Hand in einem Durchgang ab, wenn die Trauben vollkommen ausgereift sind. Erdbeeren und Himbeeren können Sie nach und nach ernten, sobald sie vollreif sind. Achten Sie darauf, Blüten nicht abzuschneiden oder zu beschädigen.

Johannisbeeren ernten

Halten Sie den Zweig gut fest und ziehen Sie am Traubenansatz.

Der Gemüsegarten im Herbst (Oktober bis Dezember)

Die Tage werden kürzer und der Unterschied zwischen Tages- und Nachttemperaturen größer. Es ist die Jahreszeit, in der sich die Pflanzen auf die Vegetationsruhe vorbereiten. Wenn die letzte Ernte eingebracht ist, wird es Zeit, den Boden für die kommende Gartensaison zu bearbeiten und empfindliche Pflanzen vor den zu erwartenden Frösten zu schützen.

DAS GIBT'S ZU TUN

DEN BODEN SÄUBERN UND ANREICHERN

Die Beete zu säubern ist der erste Schritt bei der Bodenvorbereitung für die neue Saison. Entfernen Sie mit dem Grubber alle noch vorhandenen Pflanzenreste. Halten Sie mindestens 2 Kubikmeter reifen, homogenen Kompost und genauso viel Stroh bereit.

In den ersten Jahren liefert Ihr Garten möglicherweise noch nicht die benötigte Kompostmenge. Besorgen Sie sich in dem Fall einige Säcke konzentrierten organischen Bodenverbesserer. Grubbern Sie die abgeernteten Beete, belüften Sie den Boden mit der Doppelgrabegabel und bringen Sie eine Schicht Kompost und schließlich Strohmulch aus. Betreten Sie den Boden nicht, wenn er aufgeweicht ist, sonst tragen Sie zur Verdichtung bei.

Reichern Sie auch den Boden um die mehrjährigen Pflanzen mit Kompost an, dazu gehören Spargel, Artischocken, Erdbeeren, Beerensträucher, Kräuter. Versorgen Sie die empfindlichen Pflanzen wie Kohl, Lauch, Kräuter, Artischocken und Beeren mit Stroh als Kälteschutz.

MATERIAL ÜBERPRÜFEN UND WARTEN

Säubern und reparieren Sie benutzte Pflanzstäbe. Lagern Sie sie möglichst trocken, damit Metallstäbe nicht rosten und Holz sich nicht verzieht. Dann sind sie im Frühjahr wieder einsatzbereit. Nutzen Sie die Zeit auch, um den Schuppen oder die Gartenhütte aufzuräumen. Abgelaufene Produkte sollten Sie entsorgen. Entleeren Sie Schläuche und Tropfrohre vor dem ersten Frost.

Endivien

Feldsalat

Salat

Lauch

Kohl

Salat

Wirsing

Rosenkohl

Hokkaidokürbis   Kürbis

Lauch

Radieschen

Schwarzer Rettich

Karotten

Mangold

Pastinaken

Petersilie   Koriander

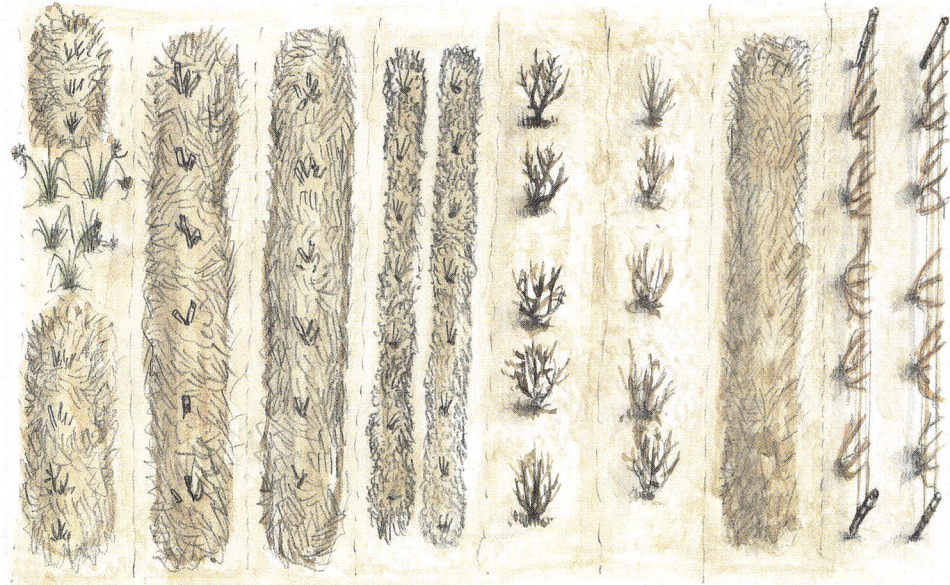

Kräuter   Artischocken   Rhabarber   Spargel   Johannisbeeren   Erdbeeren   Himbeeren

Feldsalat säen

1. Glätten Sie die Fläche mit dem Rechen.

2. Säen Sie den Feldsalat breitwürfig aus.

3. Gut andrücken und bewässern.

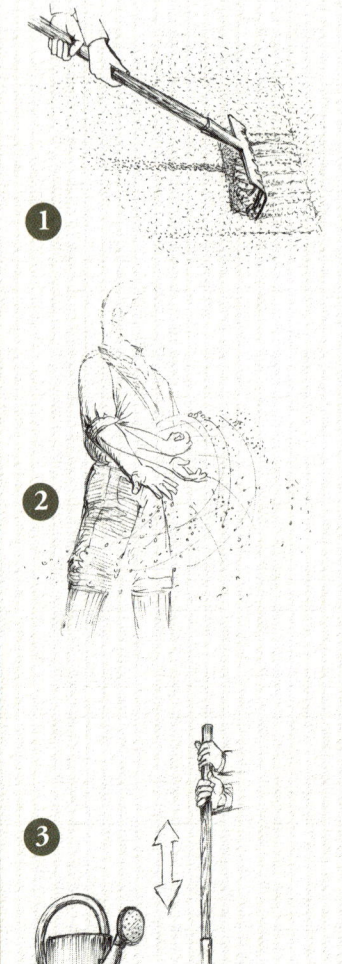

AUSSAAT UND PFLANZUNG

DAS LETZTE MAL SÄEN

- **Feldsalat** säen Sie auf gut angedrücktem Boden aus.
- **Wege erneuern:** Wählen Sie dafür Samen für Spiel- und Sportrasen, der es gut verträgt, wenn er häufig begangen wird. Die günstigste Jahreszeit für die Neuaussaat des Rasens ist der Herbst, Sie können das aber auch im Frühjahr erledigen. Stechen Sie die größten Rosetten von Löwenzahn, Wegerich usw. mit einem Messer aus. Bedecken Sie die gesamte Fläche, die eingesät werden soll, mit einer Schicht Erde. Säen Sie breitwürfig aus, aber nicht über den Rand der Wege hinaus. Bewässern Sie bei Bedarf und warten Sie mindestens drei Wochen, bevor Sie den Boden betreten.
- **Gründünger:** Auf den Flächen, die durch die Ernte der Sommer- und Herbstgemüse (Sommerkohl, Salat, Kürbisse) frei geworden sind, können Sie Gründünger aussäen. Winterwicke und Buchweizen bedecken die Fläche und schützen sie vor Erosion und Unkräutern.

DAS LETZTE MAL PFLANZEN

Wenn Sie es nicht im Frühjahr getan haben, können Sie jetzt immer noch Beeren, Rhabarber und Sauerampfer pflanzen.

Karotten im Silo lagern

1. Stellen Sie einen Rahmen aus 30 cm hohen Brettern in eine Kellerecke.

2. Bedecken Sie den Boden mit einer 5 cm dicken Sandschicht. Legen Sie die Karotten nebeneinander in einer Schicht darauf.

3. Bedecken Sie die Karotten mit Sand und legen Sie bei Bedarf weitere Schichten an.

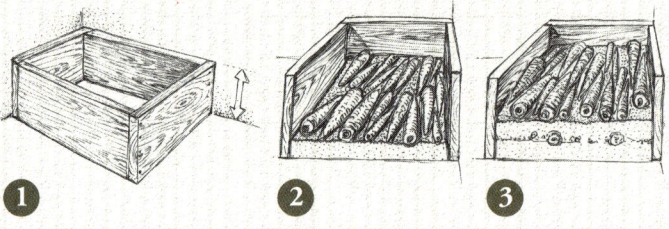

ERNTEZEIT FÜR KOHL & CO.

Wenn der Herbst mild ist, können Sie bis in den November hinein den im September ausgesäten Wintersalat ernten, ebenso Feldsalat, der innerhalb weniger Wochen erntereif ist, sowie Rosen- und Winterkohl. Vergessen Sie nicht, Petersilie, Minze, Thymian und Schnittlauch abzuernten und haltbar zu machen.

Ernten und lagern Sie Riesen- und Hokkaidokürbisse. Karotten, Pastinaken und Winterrettiche lagern Sie in Silos (s. Kasten). Wenn noch einige Lauchpflanzen übrig sind, können Sie diese herausziehen und alle zusammen am Ende einer Reihe in einer Grube einschlagen. Damit wird eine weitere Fläche frei, die Sie für die neue Saison vorbereiten können.

CHICORÉE TREIBEN

Auf selbst gezogenen Chicorée können Sie wirklich stolz sein! Für die Treiberei brauchen Sie große, saubere Kunststoffbehälter (Kiste, Eimer o.ä.), die mit feuchtem Torf oder Sägemehl gefüllt sind. Stecken Sie die Wurzeln so hinein, dass sie ein wenig über den Rand hinausragen. Stellen Sie den Behälter ins Dunkle (im Keller oder Heizungsraum), die Temperatur sollte 15 bis 20 °C betragen. Halten Sie das Substrat leicht feucht. Nach drei bis fünf Wochen können Sie ganze Sprosse oder einzelne Blätter ernten und genießen.

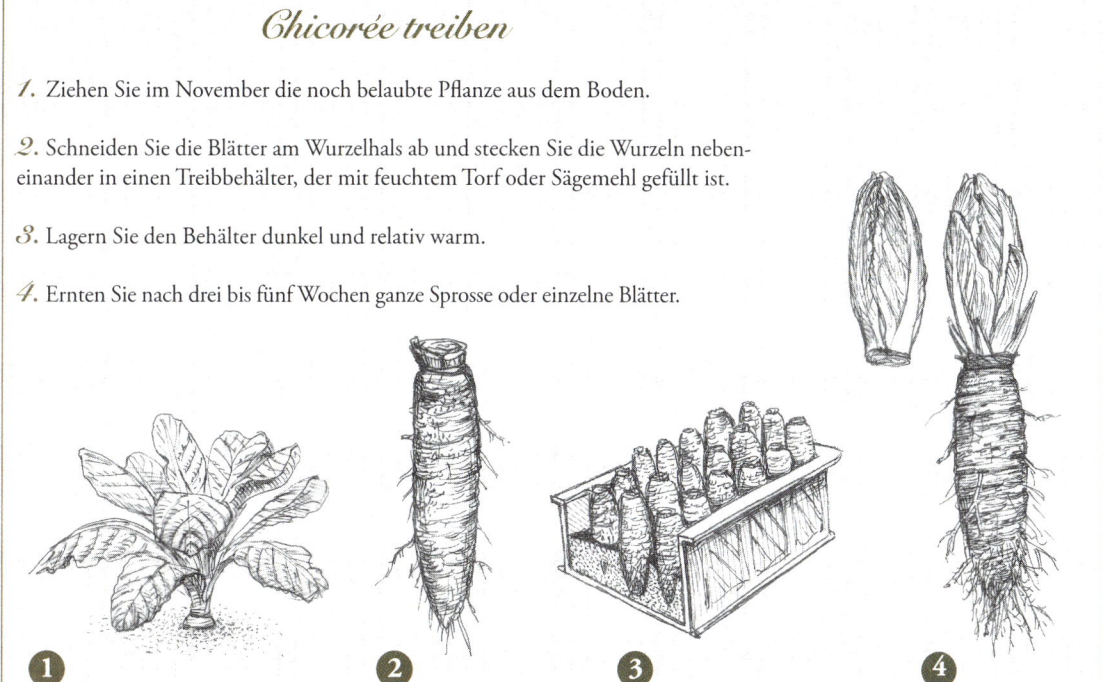

Chicorée treiben

1. Ziehen Sie im November die noch belaubte Pflanze aus dem Boden.

2. Schneiden Sie die Blätter am Wurzelhals ab und stecken Sie die Wurzeln nebeneinander in einen Treibbehälter, der mit feuchtem Torf oder Sägemehl gefüllt ist.

3. Lagern Sie den Behälter dunkel und relativ warm.

4. Ernten Sie nach drei bis fünf Wochen ganze Sprosse oder einzelne Blätter.

Johannisbeersträucher schneiden

1. Entfernen Sie alle abgestorbenen und trockenen Triebe.

2. Belüften Sie das Zentrum, indem Sie alle Triebe herausnehmen, die im Inneren des Strauches wachsen.

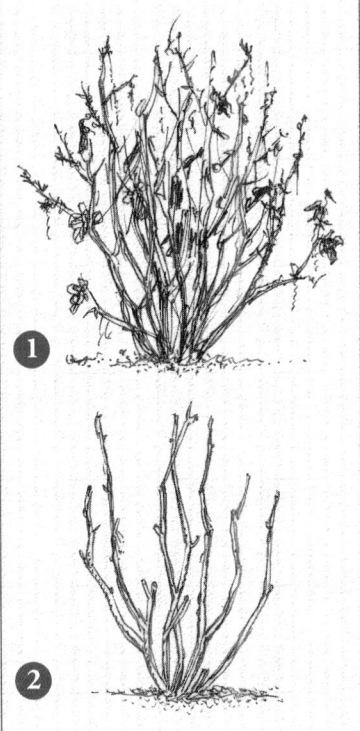

BEEREN

- **Mehrmals tragende Himbeeren** bringen bis in den Dezember hinein Früchte hervor. Vergessen Sie nicht, regelmäßig zu ernten. Mit dem Schnitt sollten Sie noch etwas warten.
- Bei den **Johannisbeeren** ist die Ernte dagegen schon lange vorbei. Sie können deshalb geschnitten werden.

HALTBAR MACHEN

KAROTTEN, PASTINAKEN UND WINTERRETTICHE

Wenn Sie dafür im Keller Silos eingerichtet haben, sollten Sie regelmäßig kontrollieren, ob Ihre Ernte Besuch von Nagetieren erhält. Stellen Sie, wenn nötig, um das Silo herum Mausefallen auf. Achten Sie darauf, dass der Sand trocken bleibt.

KÜRBISSE

Frost kann zu Fäule führen. Schützen Sie Ihre Kürbisse deshalb vor Kälte.

KARTOFFELN

Schon bei sehr wenig Licht regen sich die schlafenden Augen der Kartoffeln. Entfernen Sie Keime regelmäßig.

SAUERKRAUT

Wenn Sie so vorausschauend waren und Winterkohl angebaut haben, können Sie aus einem oder zwei Köpfen einen Eimer Sauerkraut herstellen. Ein scharfes Messer, ein paar Handvoll grobes Salz, einige Wacholderbeeren und ein wenig Muskelkraft zum Stampfen – mehr brauchen Sie nicht dazu! (siehe Rezept auf S. 157).

Anhang

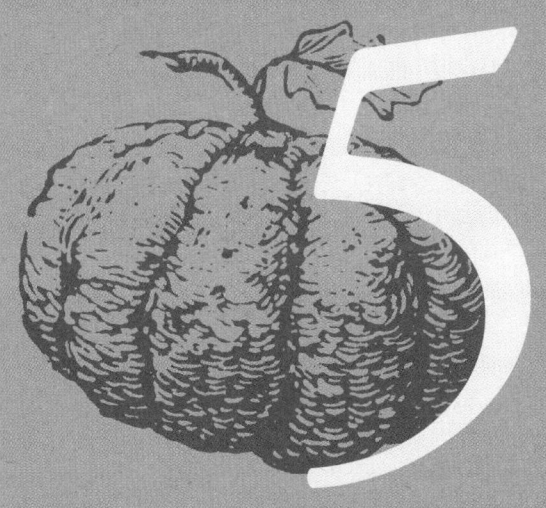

5

Die Ernte verarbeiten

Die Fruchtbarkeit des Bodens und die Erträge der einzelnen Sorten hängen von vielen Faktoren ab und sind daher nicht immer leicht vorherzusagen. Sie werden schnell feststellen, dass Sie von manchen Gemüsearten viel mehr, von anderen weniger ernten als erwartet. Wenn Sie selbst kochen, ist das meist kein Problem – dann passen Sie einfach den Speiseplan Ihrer Familie an die Ernte an. Aber natürlich freut es bei aller Begeisterung für den eigenen Garten niemanden, wenn immer wieder das gleiche Gemüse auf den Tisch kommt. Sie können einer Schwemme, z. B. von Zucchini, vorbeugen, indem Sie Zucchiniblüten verarbeiten. Andere Gemüsesorten lassen sich hervorragend konservieren, um sie zu einem späteren Zeitpunkt zu genießen.

GEKOCHTES GEMÜSE

- **Rohes Gemüse** ist reicher an Vitaminen und Mineralstoffen als gekochtes, denn ein Teil der Vitamine wird beim Kochen zerstört. Man schätzt, dass 10 bis 15 Prozent während der Zubereitung oxidieren. Am empfindlichsten sind die Vitamine A, B und C. Von den Mineralstoffen wiederum geht ein Teil in das Kochwasser über. Je länger und intensiver der Kochprozess ist, desto stärker werden Vitamine und Mineralien beeinträchtigt. Dämpfen, Dünsten oder die Zubereitung in der Mikrowelle sind die schonendsten Verfahren.
- **Ballaststoffreiches Gemüse** ist schwerer verdaulich als ballaststoffarmes. Leichter verdaulich wird es durch Blanchieren oder die Verarbeitung zu Suppen oder Pürees.

FRISCHES GEMÜSE

Wer einen Gemüsegarten hat, kann fast das ganze Jahr über frisches Gemüse ernten. Mitten im Winter sorgen Lauch und Lagergemüse (Kartoffeln, Karotten und Kürbisse) für leckere jahreszeitentypische Gerichte wie Eintöpfe, Suppen und Pürees. Feldsalat, Chicorée, Schwarzer Rettich und einige Gartensalate sind als Winterrohkost gefragt.

Im Gegensatz zur landläufigen Vorstellung ist das Angebot an frischem Gemüse erst im zeitigen Frühjahr, vor der Ernte des Frühgemüses, am geringsten. Wenn die ersten Radieschen, Karotten und Erbsen, Spargel und Frühkartoffeln zur Verfügung stehen, leben Gemüsefans dann wieder richtig auf.

Der Sommer bietet eine Fülle an Gemüse, das frisch, gegrillt, gefüllt, gedünstet, in leckeren Sommersuppen und gemischten Salaten ein Genuss ist. Grünes Gemüse, rote Früchte und Würze aus dem eigenen Kräuterbeet – schlemmen Sie nach Herzenslust.

Auch der Herbst bietet noch viel frisches Gemüse. Einiges davon sollten Sie jetzt schnell verbrauchen (die letzten Tomaten und Zucchini sowie nicht einwandfreie Karotten und Kartoffeln), anderes lagern Sie im Keller oder in der Tiefkühltruhe ein.

Es gibt auch Arten im Gemüsegarten, die sich nur roh für den Verzehr eignen – sie können weder im Keller gelagert noch eingefroren oder eingekocht werden. Das trifft auf Garten- und Feldsalat zu, in gewissem Maße aber auch auf Gurken und Melonen.

EINKOCHEN

Im Keller oder Vorratsraum aufgereihte Einkochgläser zeugen von einer reichen Ernte und lassen die Vorfreude auf leckere Gemüsegerichte wachsen. Einzukochen oder zu sterilisieren ist eine einfache, wirtschaftliche und umweltfreundliche Methode, um Gemüse haltbar zu machen. Am besten funktioniert das bei Spargel, grünen Bohnen, Artischocken, Sellerie, Fenchel und Tomaten (in zerkleinerter Form).

Zum Einkochen können Sie einen speziellen Topf oder Automat verwenden, aber auch einen Schnellkochtopf. Die Einkochzeiten sind je nach Gerät und Gemüseart unterschiedlich. Im Einkochtopf sind es im Durchschnitt 90 Minuten, im Schnellkochtopf 40 Minuten ab dem Zeitpunkt, an dem die erforderliche Temperatur erreicht wird.

Achten Sie darauf, sorgfältig und sauber zu arbeiten, damit alles gut gelingt. Waschen Sie das Gemüse und die Einkochgläser gründlich ab und füllen Sie nicht zu viel Gemüse in die Gläser. Verwenden Sie spezielle Gläser mit Schraubdeckel oder Gummiring und nutzen Sie Deckel und Ringe nur einmal.

Da beim Einkochen ein Vakuum entsteht, muss beim Öffnen der Konserve ein charakteristisches zischendes Geräusch zu hören sein. Wenn Sie auch nur den geringsten Zweifel daran haben, dass ihre Konserve einwandfrei ist, sollten Sie auf den Verzehr verzichten. Selbst wenn Sie nichts Ungewöhnliches schmecken, kann es sein, dass das Gemüse verdorben ist.

EINFRIEREN

Verwenden Sie einen Gefrierschrank oder eine Truhe mit vier Sternen, die Temperaturen von – 18 °C erreicht. Durch Einfrieren wird die Entwicklung von Bakterien gestoppt, sie werden aber nicht abgetötet. Frieren Sie Ihr Gemüse so schnell wie möglich ein, um die Entwicklung von Bakterien zu stoppen. Je nach Sorte und Gefriergerät können Sie eingefrorenes Gemüse vier bis sechs Monate aufbewahren.

Die meisten Gemüsearten eignen sich zum Einfrieren, mit Ausnahme vielleicht von Knoblauch, Kartoffeln und Mangold. Wenn Sie das Gemüse vorher blanchieren, d.h. für einige Minuten in kochendes Wasser geben, kommen zersetzende Prozesse zum Stillstand, vor allem ändert sich die Farbe nicht.

Sie brauchen aber nicht alle Gemüsearten zu blanchieren, einige wie Tomaten und Erbsen können Sie ohne diesen Zwischenschritt eingefrieren. Blanchieren Sie grüne Bohnen, Brokkoli, Rosenkohl, Spargel usw. zwei bis drei Minuten lang. Schrecken Sie das Gemüse unbedingt mit kaltem Wasser ab, damit es nicht nachgart. Füllen Sie es dann in spezielle Gefrierbeutel. Manche Gemüse wie Auberginen und Zucchini schneiden Sie am besten in Scheiben und frieren sie auf Platten liegend ein, am besten füllen Sie sie dazu in Gefrierboxen.

TROCKNEN

- **Knoblauch und Zwiebeln trocknen:** An der Luft, in Körben oder zum Zopf geflochten und aufgehängt an einem gut belüfteten und frostfreien Ort.
- **Tomaten und Kräuter trocknen:** Verwenden Sie einen Dörrautomaten. Er leistet auch gute Dienste beim Haltbarmachen von Pilzen und Obst. Rechnen Sie für ein Gerät mit allem Zubehör mit 50 bis 100 Euro je nach Hersteller. Dörrautomaten verfügen über Gittereinsätze oder feste Dörretagen, ein Heizgebläse und eine Zeitschaltuhr. Das Dörrgut wird auf die Etagen verteilt und mit warmer Luft aus dem Gebläse getrocknet. So erhalten Sie über Nacht leckeres Trockengemüse. Wenn Sie keinen Dörrautomaten haben, erzielen Sie dasselbe Ergebnis mit einem Umluftofen. Lassen Sie das Dörrgut darin 12 Stunden bei 50 °C trocknen.

HALTBAR MACHEN IN ESSIG, ÖL UND SALZ

Diese Konservierungsmethoden funktionieren nach verschiedenen Prinzipien: Öl verhindert, dass Sauerstoff an die Lebensmittel gelangt, Essig und Salz töten Keime ab.

- **Beim Haltbarmachen in Essig** legen Sie das Gemüse vollständig in Essig ein. Die meisten Rezepte verlangen, dass es zuvor mit Salz bestreut (Einlegegurken) oder in kochendes Wasser gegeben wird (junge Zucchini, Zwiebeln, junge Maiskolben, Karotten, grüne Tomaten u. a.). Wird der Essig im Moment des Siedens auf das Gemüse gegossen, behält es seine ursprüngliche Farbe.

- **Getrocknete Tomaten** können Sie in ein Glas schichten und mit Öl abdecken. Nach Wunsch mit Kräutern wie Estragon oder Thymian aromatisieren. Genauso können Sie auch mit Knoblauch verfahren.
- **Beim Haltbarmachen mit Salz** (Einsalzen) übergießen Sie das Gemüse mit einer Lake aus Wasser und Salz (250 g Salz pro Liter Wasser). Diese Methode eignet sich für einige Gemüse (Bohnen, Tomaten, Oliven, Gurken). Spülen Sie das Salz vor dem Verzehr gut mit Wasser ab.

HALTBAR MACHEN MIT ZUCKER

- **Durch Kochen mit Zucker** kreieren Sie leckere Konfitüren und Gelees. Für diese Methode des Haltbarmachens eignen sich natürlich vor allem Beeren. Sie können aber auch mit Petersiliengelee oder Konfitüre aus Melonen, Kürbissen und grünen Tomaten experimentieren.
- **Für Kräutergelees** kochen Sie zuerst einen Sud. Übergießen Sie z. B. Petersilie mit so viel Wasser, dass sie gerade bedeckt ist, und lassen Sie das Ganze eine Stunde köcheln. Filtern Sie den Sud, fügen Sie dieselbe Menge Zucker hinzu und lassen Sie die Mischung kochen, bis sie geliert.

VERGÄREN

Bei der Milchsäuregärung wird das mit Wasser und Salz angesetzte Lebensmittel gesäuert. Die von Bakterien produzierte Milchsäure hemmt bestimmte abbauende Prozesse im Lebensmittel, wodurch z. B. ein Großteil der Vitamine erhalten bleibt. Ein bekanntes Beispiel für ein milchsauer vergorenes Lebensmittel ist Sauerkraut. Diese Methode ist aber auch für zahlreiche andere Gemüsearten geeignet, z. B. für Rote Bete, Karotten, Steckrüben und Sellerie. Diese Gemüse sollten Sie vor dem Vergären reiben.

Sauerkraut selber herstellen

Sauerkraut ist äußerst reich an Vitaminen und Mineralstoffen. Sie können es selbst aus frischem Weißkohl herstellen. Es gibt in Deutschland und der Schweiz Weißkohlsorten, die traditionell für Sauerkraut verwendet werden: 'Thurner', 'Krautkaiser' oder 'Megaton'. Auch Filderkraut eignet sich gut. Wenn Sie keinen speziellen Gärtopf mit Pressvorrichtung haben, können Sie auch einen lebensmittelsicheren Eimer mit luftdicht schließendem Deckel verwenden.

Waschen Sie ein oder zwei große Kohlblätter. Sie kommen auf den Grund des Behälters. Den Rest des Kopfes hobeln Sie in 3 mm breite Stücke. Schichten Sie das Kraut 10 cm hoch ein, stampfen Sie es kräftig mit der Faust und streuen Sie eine reichliche Handvoll grobes Salz (25 g pro Kilogramm Kraut) und einige Wacholderbeeren darauf. Dann folgt die nächste Schicht, bis das Gefäß voll ist. Legen Sie ein sauberes Tuch, ein Brett und ein Gewicht (sauberer Ziegel oder Stein) auf das Kraut und verschließen Sie das Gefäß. Geben Sie kein Wasser dazu. Nun lassen Sie den Behälter zwei Tage bei Zimmertemperatur (18 bis 20 °C) stehen. Dann lagern Sie ihn kühl, aber frostfrei im Keller. Nach vier Wochen ist das Sauerkraut fertig. Entnehmen Sie immer so viel, wie Sie brauchen.

Säubern Sie jedes Mal die Oberfläche, denn es können sich kleine Schimmelstellen bilden. Legen Sie am Ende ein neues Tuch und das Gewicht wieder auf. Spülen Sie das rohe Sauerkraut ab und verarbeiten Sie es nach einem der unzähligen leckeren Rezepte.

Übersicht über die Aktivitäten im Gartenjahr

Gemüse	Anbaumenge	Ertrag	Jan.	Feb.	März	April	Mai	Juni	Juli	Aug.	Sept.	Okt.	Nov.	Dez.
Artischocken	5 Pflanzen	40 Köpfe				P		E	E	E				
Bohnen, grüne	10 m 30 Pflanzen	30 kg				S	S	S	S, E	E	E	E		
Bohnen z. Aushülsen	10 m 30 Pflanzen	5 kg Kerne				S	S	S	S, E	E	E	E		
Brokkoli	10 m 20 Pflanzen	8 kg	E	E	E, S	S	S, P	P				E	E	E
Chicorée	10 m 10 Wurzeln	10 kg	E	E	E			S				P	E	E
Endivien	10 m	50 Stück	E			S	S	S		E	E	E	E	E
Erbsen	10 m	4 kg Kerne		S	S	S	E	E	E	E				
Feldsalat	10 m	10 Schüsseln	E	E	E					S	S, E	S, E	E	E
Fenchel	5 m 20 Pflanzen	4 kg					S	S, P	S, P	P, E	E	E	E	
Gurken	3 Pflanzen	9 kg				S	S	S, E	E	E	E			
Karotten	30 m	60 kg	E		S	S	S	S	S, E	E	E	E	E	E
Kartoffeln	30 m	120 kg				P	P	P, E	E	E	E			
Knoblauch	10 m	5 kg		P	P			E	E	E		P	P	
Kohl 30 Pflanzen	10 m	30 kg	E	S, E	S, P, E	S, P, E	S, P, E	P, E	E	E	E	E	E	E
Küchenzwiebeln	10 m	7 kg				S	S	S		E	E			
Lauch	10 m	40 Stangen	E	S, E	S	S, P	S, P	P	P	P		E	E	E
Mangold	5 m 20 Pflanzen	10 kg			S	S	S, P	P	E	E	E	E	E	
Paprika	3 Pflanzen	3 kg				P	P	P, E	E	E	E			
Pastinaken	10 m	10 kg	E			S	S			E	E	E	E	E
Rhabarber	4 Pflanzen	2 kg			P, E	P, E	P, E	P, E	P, E	P	P	P		
Rettich/ Radieschen	10 m	15 Bund		S	S	S, E	S, E	S, E	S, E	S, E	S, E	S, E	E	E
Rosenkohl	10 m 30 Pflanzen	15 kg	E	E	S	S, P	P	P				E	E	E
Rote Beete	10 m	10 kg				S	S, P	S, P	E	E	E	E		

GEMÜSE	ANBAUMENGE	ERTRAG	JAN.	FEB.	MÄRZ	APRIL	MAI	JUNI	JULI	AUG.	SEPT.	OKT.	NOV.	DEZ.
Salat	30 m	100 Stück	E	E	S, E	S, E	S, E	S, E	S, E	S, E	S, E	S, E	E	E
Sellerie	5 m² 10 Pflanzen	4 kg			S	S	S, P	P	E	E	E	E		
Spargel, grüner	10 m 40 Pflanzen	12 kg			P	P, E	P, E	E						
Speisekürbis	2 Pflanzen	100 kg			S	S					E	E	E	
Tomaten	30 Pflanzen	100 kg			S	S	S, P	P	E	E	E	E		
Zucchini	2 Pflanzen	20 kg				S	S, P	S, P, E	E	E	E			
Zuckermais	10 m	30 Kolben			S	S	S		E	E	E			
Zuckermelonen	2 Pflanzen	12 Stück			S	S, P	S, P	P	E	E	E			

BEEREN	ANBAUMENGE	ERTRAG	JAN.	FEB.	MÄRZ	APRIL	MAI	JUNI	JULI	AUG.	SEPT.	OKT.	NOV.	DEZ.
Erdbeeren	20 m	10 kg				E	E	E	P	P	E	P		
Himbeeren	1 Pflanze	5 kg			P	P		E	E		E	P, E	P	
Johannisbeeren, rote	5 Pflanzen	2,5 kg			P	P		E				P		
Johannisbeeren, schwarze	5 Pflanzen	2,5 kg			P	P		E	E			P		

KRÄUTER	ANBAUMENGE	ERTRAG	JAN.	FEB.	MÄRZ	APRIL	MAI	JUNI	JULI	AUG.	SEPT.	OKT.	NOV.	DEZ.
Basilikum	3 m	1 kg				S	S, P	P, E	P, E	E	E			
Dill	2 Pflanzen	2 kg			S	S	S, P	P, E	E	E	E			
Estragon	2 Pflanzen	800 g			P	P	P, E	P, E	P, E	E	P, E	P		
Koriander	3 m	500 g			P	P	P, E	P, E	P, E	E	P, E	P		
Minze	2 Pflanzen	500 g			P	P, E	P, E	P, E	E	E	P, E	P, E		
Petersilie	3 m	1 kg				S	S, E	S, E	S, E	E		E		
Sauerampfer	2 Pflanzen	1 kg			P	P, E	P, E	P, E	E	E	P, E	P, E		
Schnittlauch u. Frühlingszwiebeln	5 Pflanzen	500 g			S, P, E	S, P, E	S, P, E	P, E	E	E	P, E	P, E	E	
Thymian	4 Pflanzen	1 kg			S, P	S, P	P, E	E	E	P, E	P			

S: Säen, P: Pflanzen, E: Ernten, m: laufender Meter.
Hinweis: Die Zahlen sind als Durchschnittswerte zu verstehen. Sie variieren je nach Region, angebauten Sorten und Wetter.